¿Cada cuánto hay que echar a lavar un pijama?

LUIS PIEDRAHITA

libros ACUÁTICOS
punto de lectura

Luis Piedrahita (A Coruña, 1977), guionista, escritor y humorista, empezó escribiendo teatro, donde, en colaboración, estrenó las obras *5hombres.com, 5mujeres.com, La vida según San Francisco* y *Entre fuerte y flojo*. En televisión ha sido guionista de *El club de la comedia* y del programa de *Cruz y Raya*. También ha colaborado en *El hormiguero* y, en las dos últimas temporadas del programa de magia *Nada x aquí*, trabajó como director y guionista. Asimismo, continúa participando en el programa de radio *No somos nadie*. Hasta la fecha, ha publicado los libros *Un cacahuete flotando en una piscina... ¿sigue siendo un fruto seco?* (2005) y *¿Cada cuánto hay que echar a lavar un pijama?* (2006).

¿Cada cuánto hay que echar a lavar un pijama?

LUIS PIEDRAHITA

En el papel de plástico se puede escuchar

Título: ¿Cada cuánto hay que echar a lavar un pijama?

Torrelaguna, 60. 28043 Madrid (España) www.puntodelectura.com

ISBN: 978-84-663-2207-2

Impreso en China – Printed in China

Diseño de portada: Ximena Feijoo y El Orfanato
Fotografía de portada: © Nines Mínguez
Diseño de cubierta: Ordaks

El formato DuraBook tm utiliza una tecnología revolucionaria
que lo hace completamente impermeable y de larga duración.

Índice

El barro de Adán

Un día comí con Luis Piedrahita. Al segundo plato comenzó a ejecutar juegos de manos. Mientras hacía aparecer y desaparecer los cubiertos, el pan o la jarra del agua, me contaba historias. Manejaba la lengua con el mismo placer que los dedos, de modo que no sabías si te hacía el juego de manos para contarte una historia o si te contaba una historia para hacerte un juego de manos. Las historias estaban siempre tan bien construidas como los juegos, por lo que resultaba imposible verles el truco. Esta vez, te decías, me voy a fijar, pero cuando terminaban el juego y el relato tú seguías tan perplejo como al principio. Tenías que reprimir la tentación de preguntarle cómo había logrado que desapareciera la jarra; cómo había conseguido que creyeras lo que te acababa de contar.

La magia y el cuento tienen algo en común: hay que evitar que se les vea el forro. No sé si Piedrahita ha hecho algún monólogo sobre el forro. Quizá no, porque jamás lo muestra. Coges una cualquiera de las piezas de este libro, la miras por arriba, por abajo, por fuera, por dentro, la abres como si fuera un juguete y no le ves la maquinaria, el truco. Eso es lo que hace a Piedrahita excepcional, eso y su concepción artesanal del relato. Trabaja sobre él como un electricista sobre un circuito o un carpintero sobre un mueble. Y la pregunta que se hace cuando le pone el punto final es si funciona o no funciona. Si funciona, que es lo único que le pedimos a un monólogo (y a un juguete), todo lo demás se da por añadidura.

Para que un texto de la extensión de un monólogo funcione ha de tener una arquitectura en la que cada pieza ocupe su lugar. Si se fijan, comprobarán que todos estos monólogos poseen cabeza, cuerpo y extremidades. Pero la arquitectura, con ser importante, no basta. Además de las grandes líneas estratégicas, hace falta prestar atención al remate, a los detalles. Los textos de este volumen están llenos de detalles, con frecuencia geniales, como cuando Adán, extrañado ante su propia caca, le dice a Eva que se le está saliendo el barro de dentro. Leer los monólogos de Luis Piedrahita, en vez de escuchárselos, es como si su autor nos los estuviera diciendo al oído. Buen provecho.

JUAN JOSÉ MILLÁS

Cosas del váter

Los portarrollos

Soportan estoicamente rollos interminables

Los portarrollos de papel higiénico son unos pequeños seres absolutamente imprescindibles para la permanencia de la raza humana en la Tierra. Si mañana desaparecieran todos los portarrollos de las casas, nos extinguiríamos al momento. Algo tan terrible parece difícil de creer, de entender y de asimilar.

Para poder entender este concepto hay que conocer la historia del portarrollos desde sus orígenes. Como todo el mundo sabe, el primer portarrollos fue el tallo de un helecho. No fue fácil llegar a esa idea. Imaginaos a los pobres Adán y Eva la primera vez que van al cuarto de baño, sin saber nada, y al terminar se encuentran con el pastel...

—Eva, ¿me dejas tu hoja de parra?

—¿Para qué la quieres?

—No, es que... creo que se me está saliendo el barro de dentro.

—No, no, no, la hoja de parra no. Toma estas ortigas.

—Vale... ¡Ay! Dame otra cosa.

—Toma este cactus.

—Vale... ¡Ay! ¿Qué más hay?

—Tengo un erizo. ¿Te lo paso?

Los comienzos siempre son duros. Hasta que, por fin, encontraron el helecho. Y fue tan grande el alivio que Adán y Eva, por fin, se pudieron sentar a disfrutar del Paraíso.

Inmediatamente después de Adán y Eva llegaron los años sesenta. Muchos notarán que entre Adán y Eva y los años sesenta hay un salto un poco grande. Cierto. Pero es que todos los textos y documentos sobre portarrollos comprendidos entre esos años se han perdido. De esa época no hay ni un solo dato sobre los portarrollos. Es lo que los estudiosos de los portarrollos hemos acordado llamar «época de la que no hay ni un solo dato de los portarrollos».

Vinieron los años sesenta. En aquella época los portarrollos eran empotrados, como los armarios. Eran huequecillos horadados en la pared. Eran una cosa en la que tenían que pensar los arquitectos: «Un momento, un momento..., ahí no puede ir un portarrollos, que eso es un muro de carga».

Luego llegó el esplendor de los setenta. Era una época de portarrollos de acero que tenían una tapa con dientes afilados como encías de galápago. Ibas a coger el papel y tenías miedo de que te mordiera el portarrollos. Era como meter la mano dentro de la boca de un cocodrilo con ortodoncia. Todavía quedan algunos de esos primitivos portarrollos. Te sientas, ves el papel asomando, los dientecillos de metal, y parece el ticket de una máquina registradora. Piensas que tal vez cuando termines va a salir la cuenta. No sería tan mala idea, podría haber suministro municipal de papel higiénico, como el agua y la luz. Tú usas y te llega la cuenta al mes. «Este mes ha ido usted poco al váter. Tantos euros.» «Este mes ha tenido usted diarrea.» ¡Zaca! Una factura que te cagas. Y si un mes no puedes pagar, te cortan el rollo.

Luego vinieron los años ochenta, una época de aparente cambio. Llegaba pisando fuerte el Yop y el Dan-Up, productos punteros de Yoplait y Danone. Chamburcy perdió ese tren. Aparentemente, productos novedosos que no eran más que el yogur de siempre, pero batido. Lo mismo pasó en aquella década con los portarrollos: se vivió de los inventos anteriores pero con una ligera variación. La gran aportación de los años ochenta al portarrollos fue el cilindro de plástico blanco con muelle, esa especie de amortiguador de coche en pequeño. Los viejos armazones metálicos de los setenta llevaban este cilindro dentro. Con él los portarrollos empotrados de los sesenta eran mucho más prácticos.

Esa euforia derivó en una época en la que aparecieron nuevos productos: los años noventa. Una época que los estudiosos de los portarrollos hemos acordado llamar: «época en la que aparecieron nuevos productos». Por ejemplo, el portarrollos industrial, el de aeropuerto, ese portarrollos gigante con cenicero. Ahora, con la ley antitabaco, eso no vale. ¿Qué van a hacer con esos ceniceros? ¿Jaboneras?

Esos portarrollos gigantes parecen mangueras de incendios. Eso me parece un peligro. Imaginaos que un día hay un incendio y, con las prisas, te equivocas e intentas apagarlo con papel higiénico. Aunque, si lo pensáis bien, es casi peor si un día, con las prisas, te equivocas y te limpias con una manguera de incendios... Y si lo piensas bien requetebién, lo realmente peligroso es no equivocarse e intentar apagar un incendio usando la manguera con la que se ha limpiado otro tío antes.

Hasta hoy esto es todo lo que se sabe de los portarrollos. Pero quedan dudas: ¿a qué lado pone el portarrollos una familia en la que hay un 50 por ciento de zurdos? ¿Qué fue antes, el rollo o el portarrollos? ¿Cómo son los portarrollos de los taxidermistas? ¿Un tigre en el váter con la boca abierta? ¿Por qué las mujeres están tan obsesionadas con que pongamos un rollo nuevo en el portarrollos cuando se acaba el que está?

Cuando un hombre vive solo, el portarrollos no es más que una anécdota. En el portarrollos tienes el cartón del rollo que pusiste el primer día y a partir de ahí aflora una colonia de rollos a medias por encima de la cisterna, en el bidé, en una pequeña repisa... Son como setas. Pero, cuando entra una mujer, se empeña en proteger el rollo con una tapita. ¿Por qué? Porque saben que si no se protege el rollo nosotros lo acabamos meando. Y tienen razón, pero no es culpa nuestra. ¿Qué culpa tenemos de que haya días en los que te levantas, vas a hacer el primer pis de la mañana y te sale el temido pis bífido? Dos chorros y un solo váter: eso es imposible de controlar. Orinas en estéreo. Dices: «Me ha salido un nuevo agujero durante la noche. Me habrá picado un bicho...». Claro, hay que ser rápido y reconducir... El chorro de más caudal lo diriges al váter mismo, pero el otro es como el ojo del Dioni, apunta para donde quiere, y muchas veces salpica al rollo de papel higiénico que está encima de la repisa. Por eso está la tapita del portarrollos, y por eso la obsesión de las mujeres por poner el rollo a salvo, para que no los inutilicemos. Y tienen razón. Y si no existieran los portarrollos, los hombres y las mujeres no podrían vivir juntos, no se reproducirían y se extinguiría la vida en la Tierra.

Los topecillos blancos que viven debajo de la tapa del váter

Menos es nada

Desde sus orígenes hombres y mujeres han tenido discusiones encarnizadas acerca del tema «levantar y bajar la tapa del váter». Ese tema ha hecho que monologuistas de los cinco continentes punto com llenaran páginas y páginas de risas sin fin. Pero... ¿qué hay debajo de todo esto? ¿Qué hay debajo de la tapa del váter? Pues unos topecillos de plástico blancos con forma de supositorio espachurrado a los que no se trata con el respeto que se merecen.

Para empezar, no tienen nombre. ¿Cómo se llaman esos topecillos? Los inventamos, los metemos en un váter y, ¡hala!, ni les ponemos nombre, ni nada. Es una ignominia.

Tal vez sea mejor así. Si tuvieran nombre y hubiera que hablar con ellos, se nos caería la cara de vergüenza. Y si se te cae la cara de vergüenza al váter, ¿cómo la recoges? ¿Con la escobilla? Imaginaos coger una cara del váter y volvérsela a poner... Puaj, que se queda la cara como mojada, brillante, como... Creo que eso sólo lo ha hecho la duquesa de Alba.

Pero volviendo al tema... ¿Quién habrá inventado esos topecillos? Imagino que es una de las últimas cosas que se le añadieron al váter. Alguien dijo:

—Sí, el váter está bien... pero ¿sabéis lo que le falta para que esté perfecto? Esto.

—Ajá..., ¿y cómo se llama?

—No tengo ni idea.

Nadie piensa en ellos. Viven ahí a oscuras. La gente se cree que el cuarto de baño es un sitio iluminado, pero de eso nada. Es oscuro. Tiene luz cuando entramos porque encendemos; pero, cuando salimos, apagamos y ahí se quedan los topecillos como los murciélagos.

Por eso no tienen ojos. Por eso y porque, si tuvieran ojos y vieran la mierda de vida que llevan, se tirarían por el váter. ¡Vaya vida! Todo el día contra el frío mármol del váter... Eso debe de ser horrible.

¿Alguna vez os habéis sentado en el váter sin daros cuenta de que la tapa estaba levantada? ¡Que te cuelas! ¡Notas el frío mármol en las nalgas! Es horrible, ¿verdad? Pues ése es el día a día de los topecillos. Por eso tienen esa pinta de croquetillas congeladas. Por el frío y por los golpes, porque cada vez que cae la tapa... ¡Placa! Que a nosotros nos da un susto... pero a ellos les da susto y golpazo.

¿No se podría hacer nada para que la caída de la tapa del váter no sea tan violenta? Se podrían almohadillar los topecillos, o ponerles un muelle. Ahora que todo el mundo personaliza los móviles podríamos personalizar los topecillos. Sería como hacerle tuning al váter. Imaginaos: abres la tapa del váter y se oye: «¿Qué pasaaa, neng?». La verdad es que entre tunear un váter y tunear los coches que tunean los tuneros tampoco hay mucha diferencia.

Los topecillos dan mucha pena. Cuando quiero ver los topecillos, levanto la tapa y están ahí, como los dientes de Alexis Valdés, muy separados. Imagino que al bajar la tapa se juntan y charlan de sus cosas, de sus ilusiones, de sus esperanzas, de sus sueños...

Lo peor de los topecillos es el final. El final es muy duro. Amarillean. A veces uno se descuelga y queda colgandero, dando vueltas cual ruleta de la fortuna. Luego se despega del todo y nos deja para siempre... Pero en la tapa queda su silueta, como si lo hubieran asesinado y alguien hubiera repasado el contorno de su cadáver.

El otro día me dieron tanta pena que los liberé. Los arranqué de la tapa y les dije: «Sois libres..., os concedo un deseo». ¿Y sabéis lo que me respondieron los topecillos? «Queremos ver el mar.» Reservé los billetes de avión y nos fuimos a ver el mar. Y en el aeropuerto me decían: «Yo quiero ventana, yo quiero ventana...». Joder con los topecillos, toda la vida mirando un váter y ahora se ponen exquisitos...

Cada uno iba en su asiento. Qué curioso: era la primera vez que los topecillos iban encima de un asiento y no al revés. Total, que aterrizamos y los llevé a ver el mar. ¿Sabéis lo que dijeron? «Pues no es para tanto.» Ya. Es que sin ojos ver el mar no es lo mismo.

Las básculas

Ellas saben cuán pesados podemos llegar a ser con el tema de adelgazar

La báscula cuartobañera es como un despertador al que le ha pasado una apisonadora por encima.

Ser báscula de ésas es una faena porque sólo se te sube encima gente gorda. Imaginaos qué manera de empezar el día. Te despiertas y lo primero que te ocurre es que un gordo en pijama se te sube encima. Y te mira mal, como diciendo: «Báscula, por tu culpa soy gordo».

Eso no es justo. ¿Qué han hecho las básculas para merecerse eso? Tienen que vivir tumbadas en el suelo del cuarto de baño, con lo frío que está y lo malísimo que es eso para el reuma.

Aun así, las básculas nos tratan bien. Por ejemplo, cuando uno se sube a una báscula cuartobañera, va nervioso. Es como presentarse a un examen. De hecho, siempre intentamos subirnos pesando poco. Pisamos suavemente, como para engañar a la báscula. Y la báscula lo nota, por eso las básculas se lo piensan antes de darnos el dato. Vacilan.

Te subes y la báscula hace: «Tiqui, tiqui, tiqui... ¡98!». Y te asustas: «¡Aaaaah!». Y la báscula retrocede: «Que no... ¡62!». «¡Buffff, menos mal!» Y vuelve a oscilar: «¡90!». Y gritas: «¡Mierda!». Y rebota otra vez: «68».

«Bueno, no está mal.» Y al final acabas llegando a un acuerdo con la báscula: «70, ni para ti ni para mí...».

¿En qué momento entra una báscula en casa? ¿Te la regalan? Qué mal rollo, ¿no? Regalar una báscula es como regalar un desodorante, puede parecer una indirecta. ¿O es que de repente uno dice: «¡Pues hoy me voy a comprar una báscula!»? Eso sólo puede pasar un lunes. Todo el mundo empieza el régimen un lunes... El lunes hay un trasiego en las tiendas de básculas...

—Hola, quiero una báscula.

—¿Cuál quiere?

—Quiero una báscula para mí que pueda pesar entre 40 y 200 kilos... Vamos, no creo que vaya a engordar tanto, pero mejor asegurar.

Una vez vi una que pesaba hasta 220. Era como el cuentakilómetros de un coche. Un tío que pese 220 kilos... ¿para qué quiere la báscula? Con esa tripa no puede ver los números.

Lo de ver los números es otro tema. Si me peso sin las gafas, no veo los números, pero, si me las pongo, peso dos o tres kilos más. Lo único que puedo hacer es pesarme con las gafas, ver el dato, quitármelas, ponerlas en la báscula, acercarme mucho a la pantallita y hacer la resta.

La mayoría de la gente no tiene báscula en casa. Entonces, ¿por qué esa gente, cuando va a casa de alguien que sí la tiene, siente la necesidad de subirse a ella? Si tanto te gusta, cómprate una.

Adquiérela y podrás disfrutar del placer de conocer las masas y los pesos de lo que quieras. De hecho, todos hacemos experimentos de pesar en la báscula cosas que no son personas. Hay un experimento fantástico que todo el mundo hace, pero que nadie lo quiere reconocer. Sucede cuando tienes ganas de ir a váter... que están las heces llamando a la puerta del esfínter... y te paras. Antes de hacer la deposición, pasas por la báscula y te pesas. Vas al váter. Haces lo que tienes que hacer. Luego, más relajado, te vuelves a pesar, haces la resta y sabes exactamente cuánto pesaba el zurullo.

Lo recomiendo. El saber no ocupa lugar y la otra manera de saber cuánto pesa un zurullo es demasiado humillante para las pobres básculas que nos aguantan y nos soportan. Y solamente ellas saben cuán pesados podemos llegar a ser los seres humanos.

Las cortinas de la ducha

Otra más de tantas luchas

Últimamente unos pequeños seres se están viendo desplazados: las cortinas de ducha. Corren malos tiempos para la cortina de la ducha.

Todavía recuerdo con nostalgia los años setenta y ochenta en los que parecía que nada podría acabar con ellas. Pero llegaron los años noventa, caracterizados por que las cosas cambiaban de nombre, pero todo seguía igual. La chocolatina llamada Rider pasaba a llamarse Twix y el detergente antes conocido como Mister Propper pasaba a llamarse Don Limpio. Cambiaban los nombres, pero, en el fondo, todo era lo mismo.

Hasta que un día los españoles nos despertamos y nos encontramos con que algo había cambiado de verdad. Había que elegir: ¿cortina de ducha o mampara? El primer impulso fue decir «mampara». Es normal.

Recuerdo la primera vez que vi una mampara en mi vida. Me dije: «Fantástico, ahora puedo llenar la bañera de agua caliente hasta el techo». Pero es imposible, cuando vas por la mitad deja de salir caliente.

Además, la mampara tiene otros problemas. Esa puerta corredera, que es como la puerta de un ascensor, puede descarrilar. Te quedas atrapado ahí dentro y tienes que llamar a un ascensorista para que te saque de la bañera. Llega el ascensorista con su mono azul y tú en pelotas. Es como volver a los orígenes del ser humano: tú, de Adán, y él, de mono.

La cortina de ducha también tiene sus problemas. Por ejemplo, a la hora de poner una cortina en una bañera, ¿la cortina va por dentro o va por fuera? Esta duda ha tenido en jaque a científicos y poetas desde la cuna hasta la tumba. Cuando la compras, en la foto viene por fuera. Pero eso no funciona: lo mojas todo. Para que funcione la tienes que meter por dentro. Es como cuando te remetes la parte de arriba del pijama por dentro del pantalón. No es digno, ya lo sé, pero es lo que más abriga.

De todos modos, aunque metas la cortina por dentro, no llega. Hay que andar apuntalando con los botes de gel, construyendo barricadas. La cortina debería venir con los botes de gel de serie; si no, no se puede usar. Esto es para cuando te quieres duchar, pero cuando te bañas la cortina tiene que ir por fuera; si no, empieza a flotar como un nenúfar.

La cortina de ducha tiene más defectos. Por ejemplo, los diseños, que sería mejor no ponerlos. Motivos marinos, con peces, o caballitos de mar, o ballenitas... Pero luego, con el paso del tiempo, en la franja de abajo de la cortina se añade una nueva especie de hongos, como si fuera el fondo marino, la llanura abisal. Creo que esos hongos son el plancton para que coman los peces.

Esos hongos crecen y tú los vas dejando. He visto esporas del tamaño de un oso panda. La barra de la cortina acabó arqueándose, las arandelas de la cortina soltándose... Lo de las arandelas de la cortina de ducha es tema aparte. Ésos sí que son seres infravalorados. Se suelta una y dices: «No pasa nada». Se sueltan dos: «Bah, aún aguanta». Tres: «Malo será». Cuatro: «Sólo quedan dos, pero como está una a cada lado... da el pego».

El día que los hongos se han comido la cortina y las arandelas te tienes que duchar sin cortina, y eso es horrible. Ducharse sin cortina de ducha es como ducharse desnudo. Sin embargo, a pesar de su importancia, las cortinas de ducha nunca han querido acaparar titulares. De hecho, las únicas cortinas de ducha famosas son la de *Psicosis* y la de *Karate Kid*, donde el chico iba disfrazado de ducha. Nada más.

Corren tiempos difíciles para las cortinas de ducha. Os aconsejo que, si podéis, apadrinéis una.

Utensilios y cosas del hogar

Las camas

Donde la horizontalidad campa a sus anchas

Unos de los seres más importantes para entender nuestro paso efímero por la vida son las camas.

¿Qué es una cama?, se pregunta la gente que no sabe lo que es una cama. Para el ojo inexperto una cama no es más que ese animal cuadrúpedo cubierto con una colcha que hay en los dormitorios y que sirve para darse un golpe en el dedo meñique cuando estamos descalzos. Pero una cama no sirve sólo para eso, la cama tiene un fin mucho más noble: guardar las pelusas de polvo.

¿Y qué son las pelusas?, se pregunta la gente que no sabe qué son las pelusas. Las pelusas son la vida que pasa. Cuando dormimos, las camas absorben nuestro cansancio y lo expulsan por abajo, convertido en pelusas. Por eso debajo de las cunas hay tan pocas pelusas, porque los bebés no descansan en las cunas. Gritan, lloran, dan patadas..., pero el cansancio no lo sueltan, se lo quedan ellos. Y luego se duermen por ahí, encima de cualquier cosa. Por ejemplo, encima de una abuela... Si os fijáis, las abuelas tienen el cutis lleno de pelusilla, porque se les duermen los nietos encima.

No es lo normal, pero se han dado casos de bebés que se han quedado dormidos varios días sobre una abuela, y han dado lugar al llamado «efecto algodón de azúcar», que es cuando la pelusilla de la abuela se funde con el cardado y la abuela entera parece un capullito de seda del que acaba saliendo una mariposa. Ya digo que no es lo normal.

Después crecemos y nos pasan a una cama normal. Una cama nido, por ejemplo. Una cama nido siempre decepciona. Oyes hablar de la cama nido y te imaginas algo en un árbol. Luego la ves y piensas: «Como no rompa el edredón de plumas...».

La auténtica cama nido es la del piso de estudiantes. Más que «nido» es «cama madriguera». Esa cama hecha por la madre del estudiante el día que lo deja en la ciudad... y que no se ha vuelto a hacer jamás. Se va convirtiendo en un amasijo de sábanas, mantas, colchas, compacts de Sabina, apuntes... Ahí el estudiante vigoroso horada una madriguerilla y se duerme agazapado como un hámster. Esa cama tiene debajo unas pelusas como la barba de Valle-Inclán, unas pelusas de polvo con denominación de origen que si las tapizas te puedes hacer un puf. El estudiante es un ser lleno de vida y cada día que pasa deja debajo de la cama gran residuo vital de pelusas de polvo. A veces en la cama del estudiante duerme una estudiante chica, hacen el coito, y eso supone dosis extra de polvo.

Pasa una cosa muy curiosa cuando unos estudiantes hacen el coito en una cama madriguera de estudiante. Hace ruiditos, «ñiqui, ñiqui, ñiqui...», y se molesta a la persona que está en la cama del piso de abajo. Cuando uno está en la cama y se oye a los de arriba hacer el coito, molesta mucho, pero no porque no te dejen dormir, no. Molesta de envidia, porque ellos están haciendo el coito y tú no. De hecho, si tú estuvieras haciendo el coito, no oirías sus ruiditos y serías mucho más feliz. Los colchones de agua se inventaron con este silencioso fin. Aunque no sé qué es peor, si sufrir ruiditos o sufrir goteras. Lo realmente terrible es una gotera en una litera: eso significa que tu hermano se ha vuelto a mear.

Conocemos poco las camas y están llenas de enigmas: ¿cómo se hace el colchón de una cama redonda? ¿Se coge un colchón normal y se tira rodando por una montaña de lija? ¿Dónde se pone la almohada en una cama redonda? La verdad, para lo que va a durar ahí... Ahora, con el futón de Ikea, se ha puesto de moda poner la cama en el suelo. ¿Dónde guarda las pelusas la gente que tiene la cama en el suelo? Eso tiene que salir por algún sitio. A lo mejor le hacen una gotera de pelusas al vecino de abajo.

Las pelusas son las escamas de piel, los pelitos..., la vida que se nos cae a lo largo de un día. Si no las barriéramos, al final de una vida podríamos reconstruir nuestro cuerpo otra vez y ser inmortales. Es bonito. Una cochinada, pero bonito.

Nacemos en una cama y morimos en una cama. Y cuando morimos dicen que descansamos en paz, pero el que realmente descansa es nuestro colchón, que por fin se jubila y no tiene que hacer más pelusas.

Los termómetros

¿Cómo sabemos cuándo ellos están enfermos?

¿Es bueno poseer termómetros? No lo sé. Todo depende de para qué quieras la fiebre.

Recuerdo que en mi familia éramos muy muy pobres y no teníamos estufas. Entonces, cada vez que uno tenía fiebre se consideraba una buena noticia: «¡Yujuu! ¡Grados gratis!». Recuerdo que una vez tuve fiebre, me disfrazaron de mesa camilla y se sentaron todos alrededor a jugar al cinquillo con los pies calentitos.

Un día murió un tío rico que teníamos, heredamos una gran fortuna y nos compramos un termómetro. Y no sé si eso es serio... Se supone que es un instrumento médico de precisión, pero antes de usarlo hay que agitarlo como si fuera un zumo de melocotón o un gazpacho de tetrabrick. Es como si antes de pesar a un recién nacido hubiera que agitar la báscula.

Las madres tiene un nervio especial en el brazo para agitar los termómetros, los cogen y hacen ¡zach, zach, zach...!, como si toda la vida hubieran manejado un látigo. Mi madre lo agita con tanta energía que una vez se le escurrió uno y lo clavó en el techo.

Pasa una cosa muy curiosa con los termómetros. Según la edad que tengas, te ponen el termómetro en distintas partes del cuerpo. Cuando eres un niño, en el culete. Es inquietante, porque estás tumbado, con el ano mirando al techo y la banderita clavada. Te entra complejo de hoyo de golf.

Luego, cuando eres adulto, te lo ponen en la axila, lo cual te hace sospechar... «Un momento, un momento, un momento... Si se podía poner en la axila, ¿por qué me lo metíais en el culo?»

Lo he pensado y lo peor no es ni que te lo pongan en el culo cuando eres pequeño ni en el sobaco cuando eres adulto. Lo peor es que, cuando eres abuelo, te lo ponen en la boca. ¡Eso no tiene razón de ser! Ha pasado por los sobacos y los culos de toda la familia, ¡y cuando llega el abuelo se lo ponen en la boca! Así están los abuelos, que siempre que hay uno en la cama con un termómetro en la boca tiene cara de penita.

Se me ocurre una solución. ¿Por qué no hacen termómetros con sabor? Eso mejoraría la cara de los enfermos. Lo único que habría que evitar es ponerlos con sabor a Chupa-Chups de Kojak, porque a lo mejor alguien se cree que va a tener chicle dentro, lo mastica y se rompe. Y luego los globos con el mercurio no salen igual de bien.

Ahora hay unos termómetros que no tienen mercurio: los digitales. Tienen forma de reproductor de MP3. Te los pones y te avisan. Sólo tienen un defecto: no te avisan. Estás en la cama con el termómetro en el sobaco, el pijama, las mantas, los oídos taponados, y hace un leve «pi, pi, pi, pi». Suena y no te enteras.

Y la gente, esperando, esperando... Te curas, ya estás bien... «Espera, que todavía no ha sonado el termómetro». Te vas a trabajar, a comer churros... y la gente:

—Oye, ¿por qué no mueves el brazo?

—No, es que llevo un termómetro que todavía no me ha sonado.

Hay varios tipos de termómetros. Está el termómetro para vinos, que es un termómetro normal pero con un martillo encima. Un consejo: no intentéis clavar clavos con él. Se rompe. ¿Para qué será ese martillito? Yo creía que era por si te ponían uno de ésos en el culete... para que no se colara hacia dentro.

También está el termómetro urbano. Es el segundo invento más impreciso del mundo. Siempre dice la temperatura que no es. Ves uno y dice 66º, luego hay otro justo al lado que marca 11º. Dices: ¿qué hago? ¿Saco la media?

Sólo hay un invento más impreciso que el termómetro urbano, el instrumento de medición menos serio del planeta: el aplausómetro. El aplausómetro es como un termómetro gigante que mide los aplausos... de la manera más subjetiva y fraudulenta del mundo. No es serio. Hacen trampa. Imaginaos que las elecciones nacionales fueran con aplausómetro... En lugar de reunirnos en colegios electorales, nos citarían a todos en la plaza Mayor... y saldría Jordi Estadella: «¡Un fuerte aplauso para el Partido Popular!». «Muy bien, ocho puntos; ahora un fuerte aplauso para el Partido Socialista...»

Los termómetros no son serios. Los aplausómetros no son serios. Pero ¿quién ha dicho que lo bueno sea lo serio?

Los marcos

Seres incomparables

Hablemos de unos seres incomparables: los marcos. Todo el mundo dice: «Estamos en un marco incomparable, un marco incomparable...». Estaría bien coger todos los marcos incomparables del mundo... y compararlos. Y que la gente pudiera decir tranquilamente: «Estamos en el tercer mejor marco incomparable de este país».

Evidentemente hay marcos que son mejores y otros peores. Los marcos de primera: los de bodas, comuniones, bautizos... Ésos no tienen perdón de Dios. Es imposible ponerlos de pie. ¿De quién ha sido la idea de ponerles esa pata detrás? ¡Una sola pata! Ningún animal de la Creación tiene una sola pata: están las babosas y culebras, que no tienen patas, y el paso siguiente ya somos los bípedos. Dios vio que lo de una sola pata no iba a ningún lado. Pero, no, el tío que inventó los marcos dijo: «Una pata y con una bisagra en la ingle».

Eso sí que no tiene ningún sentido: ya es inestable de por sí como para poner una bisagra. Es como si a un abuelo le quitas las zapatillas y le pones unos patines. Se cae. Y no contentos con eso, dijeron:

—Vamos a hacerlos grandes para que, cuando se caigan, hagan mucho ruido.

—No. Mucho mejor hacerlos pequeños para que quepan muchos en una mesa y cuando se caiga uno haga efecto dominó y se caigan todos.

Están hechos de la forma más endeble posible. Vamos a ver: ¿en las fábricas de marcos de fotos no hay pegamento? Ese sistema de puertecilla para sujetar el cartón de atrás no sujeta nada. Para poner la foto tiene un sistema que parece un cierre de Kinder Sorpresa que se abre cada dos por tres.

Cada vez que hay que limpiarlos se caen, se descuajeringan, se desmontan... Un día uno hace la Primera Comunión y a partir de ese día se pasa la vida poniendo de pie los marcos. La Conferencia Episcopal debería tomar cartas en el asunto, porque te ves ahí, haciendo la Comunión, y piensas: «¡Qué bien me iba todo hasta que comulgué!».

Luego están los marcos de pared. Es un hecho que llevar las cosas a enmarcar da mucha pereza. ¿Por qué? Porque todo lo que enmarcamos es un rollo. Por ejemplo, las orlas o los títulos. Los médicos están obsesionados con enmarcar títulos académicos. Entras en la consulta, que está en su casa, y la tienen llena de diplomas enmarcados. ¿Qué clase de profesional es uno que tiene que decir: «De verdad, de verdad, tengo estudios. De verdad, soy un profesional... Mire el título. Ya sé que no lo parece porque le recibo en bata y en mi casa... pero, de verdad, he acabado la carrera. Mire la orla».

Otra cosa que a la gente le encanta enmarcar es la foto de uno mismo dándole la mano al rey. Toda aquella persona que alguna vez le ha dado la mano al rey tiene la foto en un marco. Y son todas iguales: una fila de gente vestida de traje esperando para darle la mano al rey. Toda esa gente de la fila también tiene la foto en su casa. Y yo me pregunto... ¿El rey tendrá copia de todas esas fotos? Sería fantástico, porque las podría poner una a continuación de otra, hojearlas y verse como el Pato Donald dándoles la mano a todos.

Otra cosa que enmarcamos siempre son las mangueras de incendios, que están en la pared con un marco y un cristal que pone «Romper en caso de incendios». Con ponerle detrás una pata con bisagra el cristal se rompería solo.

Hay muchos marcos pero sólo uno de ellos hace que se erice el vello del ser humano, el más temido de todos: el llavero-marco del fotomatón. Ese llaverito de metacrilato que sirve para poner una foto de carné de tu hijo. Eso nadie lo quiere. Cuando alguien tiene un llavero con la foto de su hijo es porque ha tenido un accidente. Es un llavero no deseado.

Un fotomatón es un duelo entre el hombre y la máquina. El hombre que no quiere el llavero-marco y la máquina hace lo posible por colocártelo. Menos mal que la máquina no te hace la foto cuando te da el llavero-marco, porque saldríamos todos con una cara de gilipollas...

¡Ay, los marcos! Unos seres completamente altruistas encargados de hacer que sea otro el que resalte.

Las llaves
Animales gregarios con dientes

Hay unas cosas que, si las conocéis bien, os podrán abrir muchas puertas: las llaves. Antes, al salir de casa, la gente se persignaba:

—Padre, Hijo, Espiritusanto, amén.

Ahora, al salir de casa, la gente dice:

—Móvil, cartera, llaves.

Las llaves han venido a ocupar el lugar del «Espiritusanto, amén». El Padre ha sido sustituido por el móvil. Aunque no del todo, porque en la agenda de la mayoría de los teléfonos móviles hay un número que es «PAPA MÓVIL», que no es «papá», porque no tiene tilde, es «papa». Sustituimos al Santo Padre por un móvil, pero guardamos su número por si hay que llamarlo por teléfono al papamóvil. Y si os fijáis, ¿qué es el papa-móvil? ¡Un coche que tiene encima una cabina de teléfonos!

Está el padre, que es el papa-móvil; el hijo, que es la cartera (véase el amplio capítulo sobre este tema publicado en el libro *Un cacahuete flotando en una piscina... ¿sigue siendo un fruto seco?*), y las llaves.

Las llaves sirven para muchas cosas. Para abrir una puerta, sí, pero también para cerrarla, y aún diría más: para que los conductores de autobús sepan cuánta profundidad tiene una oreja. Me pregunto si esa actividad pseudocientífica a la larga no será perjudicial para las cerraduras. Cada vez que abren o cierran van metiendo un poquito de cera. La llave entra cada vez un poquito menos, un poquito menos... y llega un momento en el que la llave ya no entra nada. En ese momento coges unas pinzas y sacas de dentro de la cerradura una copia perfecta de la llave hecha en cera.

Nadie dice que las llaves tengan que ser todas de acero. De hecho, ahora han sacado unas llaves fosforitas de un material muy ligero, y no pesan nada... Tocas los dientes de la llave y parece que son de leche. ¿Para qué? ¿Por comodidad? ¡Si luego les pones un llavero del tamaño de un bidé!

Lo de los llaveros no acabo de entenderlo. Bonitos no son, cómodos tampoco... ¿Para qué sirven? Los de los hoteles están diseñados a mala leche. Esa bola de bolos con un cinturón de goma a modo de parachoques con el número de la habitación grabado a fuego... ¿Eso qué fin tiene? ¿Es para que te acuerdes del número de la habitación? Te acuerdas de eso y te acuerdas de la madre que parió al de recepción.

Me pregunto si te dejarían pasar con una de esas llaves en un avión. Te harían facturarla como equipaje de mano..., pero es que con eso puedes secuestrar un avión: «¡Que no se mueva nadie o le doy a éste con la llave y le abro la cabeza!».

La gente no se fija en las llaves y entonces ellas hacen cosas para llamar la atención, como, por ejemplo, no abrir. Intentas, intentas, intentas y no abre. Entonces llega un amigo, o un señor, y te dice: «Déjame a mí», suena ¡ruac! y la puerta se abre.

Esa gente tiene el superpoder de abrir puertas. No lo tengo, pero quienes poseen ese preciado don son como ángeles y sólo podemos pedir a Dios que estén cerca cuando los necesitemos.

Otra cosa muy macarra que hacen las llaves para llamar la atención es quedarse dentro de casa. Tú sales, ya tienes un pie fuera, dices: «Llevo todo: móvil, cartera, lla...». ¡Plum!, y se cierra la puerta.

Es una sensación de impotencia... como otra cualquiera. Y hay que llamar a un cerrajero, que si los que tienen el don de abrir puertas con las llaves son como ángeles, los cerrajeros son como Dios. Y te cobran la apertura a precio de milagro. Te ponen en la factura: «Desplazamiento: 90 euros», y es así porque vienen levitando.

Los cerrajeros son las personas más honradas que existen. Pueden abrir cualquier puerta y robarlo todo, y, sin embargo, se reprimen... y sacan mucha más pasta robándote a ti directamente.

Cuando llega el cerrajero, deseas ver cómo abre la puerta. Piensas: «Ya que lo pago, al menos disfrutaré del espectáculo. ¿A ver qué llave utiliza?». Os lo digo yo. El canalla del cerrajero le pega un empujón a la puerta y, ¡pimba!, se abre. ¿Que qué llave utiliza? ¡Una de yudo!

Las llaves de las casas tenían que ser como las de los coches. Te acercas a la casa, «¡piu!, ¡chuc!», y se abre. Sales, y lo mismo. Y así nos librábamos de los ángeles y de los dioses de las puertas. Amén. (Que ya sabéis que quiere decir «llaves».)

Los lápices
Son una mina

Hasta hace poco había una duda que no me dejaba dormir: ¿Rappel hace pis de pie o sentado? Muerto de intriga, me fui a su casa a preguntarle. El tío es supermajo, estuvimos charlando, me contó cuál era la última mano que había leído, le dije que yo apenas leo manos y que a mí lo que me gusta leer son los lápices. En los lápices se ve claramente qué tipo de personas somos.

Los lápices dicen mucho de las personas: «Dime cómo muerdes el lápiz y te diré quién eres». Imaginemos el lápiz clásico, el modelo Abeja Maya, negro y amarillo. Bueno, pues están los que roen la tapita de arriba, que es roja, y dejan el lápiz como con una calva rara. Eso quiere decir que vas a ser un tío metódico, ingeniero, arquitecto... o Anasagasti. Por cierto, esa tapita sabe a rayos, se te atraganta, mancha los dientes y estropea el lápiz, pero no podemos evitar morderla.

Luego están los que muerden los lápices de lado, hasta que lo parten por la mitad y se ve entera la tripa del lápiz... más negra que el sobaco de Mike Tyson... Si eres de los que dejan esta tripa negra al aire, quiere decir que de mayor vas a ser forense o psychokiller.

También están los que van mordiendo el lápiz desde arriba hasta abajo, por cada una de las esquinas, y para llegar al final se meten el lápiz hasta la campanilla... Si uno muerde el lápiz así, quiere decir que va a ser un tío que profundice en los temas o bien Monica Lewinsky. Las dos cosas tienen futuro.

También están las personas que tienen un lápiz con la tabla de multiplicar y al morderlo tiende a deshilacharse como si fuera un palo de regaliz. Además, sabe muy parecido. Por haber, hay hasta un lápiz azul que tiene una zona reservada para escribir el nombre. Pone «NAME». ¿Para qué se molestan? No hay ni una sola persona en la historia de los lápices que haya puesto ahí su nombre. Es absurdo, ¡si te lo vas a comer! Es como poner tu nombre en una mandarina o en un ñoqui.

Luego hay gente que, para no morder el lápiz, le pone en la punta un gnomo de los que tienen el pelo cardado como una abuela. Me imagino que ese gnomo hará contrapeso y escribir como Dios manda tiene que costar un huevo. Otra cosa que se pone encima de los lápices es una goma de borrar. No sé por qué la ponen, porque borrar no borra. Emborrona, mancha más. Escribes mal una palabra, por ejemplo, en vez de «perito agrícola» pones «pegrito arrícola», y en lugar de disimularlo haces que se note más. Es como la goma que borra boli, otra gran mentira de la Humanidad. Hombre, lo borra, pero a costa de hacer un agujero en el folio. Es como si para borrar un grafitti mandaras demoler el edificio.

Accesorio indispensable para el mantenimiento del lápiz es el sacapuntas. Un sacapuntas es como un coche: como te salga malo va a estar dándote problemas desde el principio hasta el final. Estás afilando y se rompe, vuelves a empezar, se rompe, otra vez... Pero, de repente, te pones y no se rompe. Y sigues dándole vueltas al lápiz y no se rompe, no se rompe, no se rompe..., pero tampoco afila. Resulta que se ha quedado un trocito de mina encasquillado y no se puede hacer nada.

Raras veces cae un buen sacapuntas en nuestras manos. Uno de esos que te saca la loncha de madera entera, como un abanico, que te picas con el sacapuntas a ver cómo la puedes sacar de larga... Claro, te ciegas y te queda un lápiz que parece un picahiclos. Te pones a escribir acojonado y en el puntito de la jota la punta se va a tomar por culo.

Otra duda que me quita el sueño: ¿por qué los sacapuntas tienen un agujero grande y otro pequeño? ¿Está relacionado con si Rappel hace pis de pie o sentado?

Otro gran enigma es la caja de lápices Alpino. ¿Por qué no ponían color carne? Me refiero a un color carne digno. Si querías pintar a dos señores, los tenías que poner color rosa Frigo Pie... Parecían los Morancos de Triana. O bien de color marrón caqui, que parecían los de Ketama. Es imposible pintar a una persona, dibujes lo que dibujes aquello acaba pareciendo el programa de José Luis Moreno. ¿Y para qué coño ponen un lápiz de color blanco? Pintas en un folio y no se ve. ¿Será por si te apetece pintar a Michael Jackson?

Los lápices dicen mucho de las personas y, aunque no se puedan afilar, no se puedan borrar y sólo sirvan para dibujar a Michael Jackson... dime cómo muerdes tu lápiz y te diré quién eres.

Los pegamentos

Un invento loable y yo lo loo

No podemos aspirar a conocer la naturaleza de los pegamentos. No podemos aspirar a saber cuánto tarda en secar un pegamento. Y, sobre todo, no podemos aspirar los pegamentos, porque es malo para el cuerpo.

El pegamento, mal que nos pese, se inventó porque los seres humanos éramos muy torpes y las cosas se nos rompían constantemente. El problema es que, cuando los seres humanos rompemos algo, no lo queremos reconocer. Decimos una frase que nos delata: «Huy, esto está suelto». Como diciendo: «Esto no lo he roto yo. Esto es así. Es cosa del fabricante, que lo ha hecho mal».

Estás en el salón de la casa de un amigo. Ves una figurita de cerámica de Lladró horrible, valga la redundancia. Una de estas cosas que regalan los de la fábrica al padre cuando se jubila. Y tú no tienes por qué tocarla, no te interesa. De hecho, ni sabías que el padre había trabajado en una fábrica. Y, sin saber por qué, tu mano empieza a moverse sola y va hacia la figurita, la coge y, ¡clac!, te quedas con un trozo en la mano. Y te quieres morir.

Ya ves venir el drama familiar. Cuarenta años trabajando ese padre y te has cargado el único recuerdo que le quedaba de la fábrica. Te imaginas al padre por los rincones de la casa: «¡Dios mío! ¡Qué fue lo que estuve haciendo yo los últimos cuarenta años de mi vida! ¡No me acuerdo! ¡El único recuerdo que tenía se ha desvanecido!».

Para evitar estos momentos se inventó el pegamento, para evitar que haya cosas sueltas. Una cosa suelta es muy desconcertante. En todos los coches del mundo hay una pieza de plástico negra que anda suelta por debajo de los asientos... y ésa está suelta de verdad. Creo que los coches la traen de serie, porque luego buscas a qué parte del coche puede pertenecer y no es de ningún sitio.

El pegamento se inventó, pero la enfermedad es mejor que el remedio, porque a un ser tan patoso que rompe todo lo que toca no se le puede dar un líquido fácilmente inflamable, que irrita los ojos y daña la piel. Es como cuando lees en las instrucciones de una lijadora industrial: «No aplicar en los testículos». Mira, a un tío que se le pasa eso por la cabeza no se le debería dejar usar una lijadora industrial.

El más peligroso de los pegamentos es el pegamento instantáneo: el Super Glue, el Loctite... Esos pegamentos ultrarrápidos son tan rápidos que hay que echar el pegamento antes de que se te rompa lo que quieres pegar. Echas en un lado, en el otro... y no te da tiempo a unir porque el pegamento ya se ha secado. Se han quedado las dos partes blanquecinas, como el glaseado de los donuts, pero a lo bestia. Estos pegamentos tienen una cosa muy divertida que es la lista de materiales que pega: «Pega plástico, madera, cristal, metal, goma, cuero, cerámica...». ¡Y no viene lo más importante! ¡Dedos! Junto al dibujito del jarrón roto, la suela del zapato y la silla tendría que venir un dibujo con dos dedos pegados, índice y pulgar, como dos pinzas de cangrejo. Si intentas despegarlos, te despelleja el pulpejo. ¿Y qué se nos ocurre? Quitarlo con los dientes.

Que es como comer pegamento: «Ya tengo los dedos despegados, ahora me voy a comer el pegamento». Contra todo pronóstico, eso es bueno. Ya os diré por qué.

Inmediatamente después de los pegamentos ultrarrápidos vienen los pegamentos tipo Supergén, Imedio, etcétera. Es una gran injusticia porque pagas un tubo de pegamento Imedio y te dan uno sólo. Éstos tardan un día entero en pegar. ¿No se puede hacer algo intermedio entre dos milésimas de segundo y un día entero?

El Supergén sí que pega si sigues las instrucciones. Cosa que no hace nadie. Éstas son las instrucciones del Supergén:

1. Limpiar, secar y eliminar la grasa.

Venga, hombre, hay gente que no lo hace consigo mismo, lo va a hacer porque se lo diga un pegamento. Y luego pone:

Es conveniente lijar las superficies...

¡Anda ya! En la historia del Supergén nunca nadie se ha puesto a lijar superficies. Luego sigue:

2. Aplicar una ligera capa en ambas superficies, dejar transcurrir diez minutos y unir manteniendo la presión durante varios minutos.

¡Ja, ja, ja! Eso no lo ha hecho nadie jamás.

Hay muchos más pegamentos. Ahora hay uno nuevo que se llama No Más Clavos y cuesta casi ocho euros. ¿Eso no es un clavo? ¿En qué quedamos? También hay una especie de pegamento blanco escolar, un líquido blanquecino que no pega nada. Es como intentar pegar con leche condensada. De hecho, la leche condensada pega bastante más, que lo vi yo en una película.

Luego van los niños con los dedos de pegamento y se los chupan; parece que se van a envenenar, ¡pero no!, porque comer pegamento es bueno. Lo que no se puede hacer es olerlo, comiéndolo no pasa nada. Los niños están vacunados. No sé si recordáis que cuando éramos pequeños había unos pegamentos Pelikan que venían en vasitos, como si fueran tarrinas de helado. Hasta traían una especie de cucharita de helado y tenían un olor delicioso a helado. Creo que el término medio es seis: un niño normal se come unas seis tarrinas de pegamento a lo largo de su vida. Y eso te inmuniza para todo el pegamento que te puedas comer en tu vida de adulto.

De hecho, es muy bueno para el sistema inmunitario. A partir de entonces cada vez que te haces una herida se cierra antes y ya no se abre más. Por eso los niños pueden estar cayéndose en el cole todos los días, despellejándose las rodillas, tirándose de cabeza por el tobogán y nunca se rompen nada: porque están rellenos de pegamento. Cabeza que se rompe, cabeza que se pega. Deberían incluirlo en la dieta mediterránea.

Cosas textiles y de ropajes

Los calcetines

¿Cuán miserables podemos ser sin que se note?

Los calcetines son una de las prendas peor tratadas por nuestra sociedad.

Los calcetines están sobreexplotados, no los jubilamos nunca. Son la única prenda que nos ponemos aunque tenga agujeros. Nadie se pondría una camisa con un orificio en el pecho del tamaño de una galleta Fontaneda, pero un calcetín sí.

¿Por qué? Porque no se ven. Cuando algo no se ve, la gente prefiere ahorrar. Hay corbatas de trescientos euros, pero no hay calcetines de trescientos euros, y la tela necesaria es la misma. ¿Por qué? Porque la corbata se ve y el calcetín no.

El calcetín tiene otro problema, y es que el agujero sólo lo ves cuando ya te lo has puesto. Ves el agujero y dices... «Huy, tengo que comprar calcetines... Mañana ya si eso...» Lo que haces es ingeniártelas para que no se vea el agujero. Doblas la telilla del calcetín, haces doble pespunte de seguridad, los arremetes un poquillo para dentro... Hay quien lleva así años. De hecho, creo que los últimos calcetines que compré los pagué en pesetas.

A los calcetines les pasa como a Aquiles, su punto débil es el talón. Allí se hacen unos agujeros que son cada vez más grandes. Llega un momento en que el agujero es tan grande que el calcetín desaparece. Ésa es la explicación del calcetín desemparejado, ese calcetín que está solo en el fondo del cajón o en la lavadora.

Ese calcetín no tiene ni la alegría frívola del soltero ni el resquemor amargo del divorciado... Vive más bien la estupefacción de alguien que ha perdido un ser querido al que necesitaba para que su vida tuviera sentido. ¿Y qué hace el calcetín solitario? Los hay que son adoptados por piratas y gentes con una sola pierna. Los hay que huyen, les hacen un zurcido y se ponen a trabajar en un guiñol. Si eres rojo, te pueden atar a la parte de atrás de un carro. Si son de lana, pueden servir para limpiar metales. Esos calcetines no vuelven a sonreír, porque les falta su pareja.

En esos duros momento el calcetín recuerda sus momentos felices, como su nacimiento. Los calcetines, cuando nacen, son siameses. Vienen cosidos por las puntas, no sé por qué. ¿Y por qué vienen en paquetes de tres? ¿Y por qué esa perchita ridícula? Esa perchita no me da buena espina. Vas a comprar los calcetines:

—Oiga, señora. ¿Estos calcetines encogen?

—¡No, por Dios!

¿Cómo que no? Ha encogido la percha, no van a encoger los calcetines.

Desde que nace el calcetín es la víctima inocente de una guerra en la que ni pincha ni corta. La pugna por que el calcetín asome que lidian el ser humano y el zapato. El zapato lucha por comerse la parte del calcetín que todavía asoma... Es normal, porque el trozo de calcetín que se ha llevado a la boca tiene tantos agujeros que se ha quedado con hambre. Y nosotros luchamos para que el calcetín salga para fuera.

Esa lucha ha propiciado varios inventos, como esa especie de liguero masculino que se ve mucho en las pelis de la posguerra y que ya no existe. El sustituto fue terrible: la goma. La goma del calcetín debe de ser un invento provisional, porque ese surco que te deja no es de recibo. Llegas a casa, te quitas los calcetines y tienes que rascarte el surco para recobrar la sensibilidad en la pierna. Ese surco no es propio del siglo XXI. Es como si alguien se plantease llevar los calcetines grapados en la pantorrilla. Vale, no se bajan, pero ¿a qué precio?

La idea del calcetín como instrumento de tortura se nos ha pasado. A Jesucristo le pusieron una corona de espinas para subir al Calvario. Es una faena, vale, pero si le hubiesen puesto unos calcetines de espinas el tío no llega. Se iba pasar la Eternidad transformando el agua en Betadine. A ver si Tomás tenía luego valor de meter los dedos en las llagas.

—¿Qué? Tomás, ¿te animas a meter los dedos en las llagas?

—No, qué va, ahora no puedo, que voy a comprar calcetines... ya mañana si eso.

La gente que ahorra en lo que no se ve tiene un corazón barato. Como tampoco se ve...

Los bañadores

Al baño se va de traje

Los bañadores son la prueba de que el sentimiento de vergüenza sale mucho antes de lo que piensan nuestros padres.

Tienes un año. Todavía no andas. Te llevan a la playa... y los padres son tan cutres que por ahorrarse unos euros te dejan allí en pelotas. «¡Si al chaval le da igual!» Y tú allí, humillado. Te sientes como Adán cuando lo echaron del Paraíso: «Padre, estoy desnudo». Porque los niños no son tontos: «Si todos se tapan... ¿por qué tengo que ir yo enseñando la pilila?».

Lo que viene después es todavía peor: a la playa en calzoncillos. Esos calzoncillos de niño de 7 años, blancos, de algodón, con ventanita... ¡En la playa en calzoncillos! Te sientes como en una película de José Luis López Vázquez.

A esa edad no nos damos cuenta de que el amor de un progenitor es algo infinito y lo que pretenden nuestros padres es que tardemos lo más posible en entrar en el mundo de los bañadores. Porque, a diferencia de la desnudez y los calzoncillos, los bañadores rozan. Entre el salitre, la bragueta y la arena... te pueden declarar las ingles zona catastrófica. Te pasas el verano andando como John Wayne.

Realmente no es del todo culpa del bañador, sino de la bragueta y de la redecilla de contención que lleva dentro. Llevas los huevecillos como si fueran dos trapecistas: aunque se caigan no les pasa nada porque abajo hay una red. Y si no hubiera esa redecilla, sería peor, porque aparecerían las transparencias. Saldrías de la piscina, habría un efecto succión y aquello quedaría como los choricillos que compras en el súper y vienen envasados al vacío.

No me cabe en la cabeza que sigan fabricando bañadores que hagan transparencias. Y ya no es que transparenten, es que algunos te radiografían. ¿Qué pasa? ¿No los prueban antes de sacarlos a la venta? No, porque les rozan.

Otra cosa misteriosa del bañador es el cordelito. Dura en su sitio dos días. Se mete para dentro. Y dices: «Bah, no pasa nada, el cordelito es meramente decorativo. Lo que sujeta el bañador en serio es la goma». ¡Craso error! La goma no es para sujetar el bañador. Prueba de ello es que te tiras de cabeza a la piscina y, como no te hayas atado el bañador con el cordelito, se te va a las rodillas. Y si te tiras de pie es peor, porque se infla. Es como si, al impacto de los huevecillos con el agua, hubiera saltado el airbag. Y quedas flotando en la piscina como una boya marina.

Los únicos que no sufren nada de esto son los nadadores profesionales. Pero prefiero que me salte el airbag a llevar esos bañadores, que pareces un pentacampeón del Tour o un luchador de lucha libre mexicana.

Esto me hace recordar una de mis peores pesadillas... ¿Conocéis la moda de los futbolistas de cambiarse la camiseta después de un partido? ¿Os imagináis que los nadadores hicieran lo mismo? Imagináoslos intercambiándose el bañador, envueltos en toallas, haciendo de cortinilla.

Las mujeres también llevan bañadores. Pueden ser de cuerpo entero o de bikini. El bikini no es nada: cuando lo compras, te lo podrían dar en un sobre. La parte de abajo te la puedes hacer en casa con seda dental. Y la parte de arriba, dependiendo de lo que te hayas sacado con la seda dental, también te lo puedes hacer. Pero cuesta cincuenta euros. ¡Cincuenta euros por dos piezas de las cuales, si te pones a hacer top less, el «bi» no lo vas a usar! Sólo vas a usar el «kini».

El top less es un tema que yo querría tocar. Es una indecencia... que me intriga bastante. ¿Dónde están todas esas partes de arriba de las chicas que hacen top less? Tengo la esperanza de que estén en el hemisferio Sur, en un enigmático país en el que las mujeres hacen less top: fuera lo de abajo y sólo lo de arriba.

O a lo mejor es que no encontraron la parte de abajo de su talla. Porque lo de las tallas tiene su cosa. Es muy difícil tener la misma talla de pecho que de culo. Dios le dijo a Eva: «Parirás a tus hijos con dolor y luego te romperás la cabeza desparejando bikinis para que te coincida lo de arriba con lo de abajo».

Lo curioso es que después de que cada mujer haya cogido lo que necesita... en el arcón queda un sujetador talla M y una braguita talla M. ¡Y eso no le vale a ninguna! La cantidad de pecho y de trasero en el mundo es la justa... Lo que pasa es que está mal repartida.

Las mujeres tendrían que quedar todas un día y hacer como el Tajo-Segura, trasvases: «Oye, que a mí me sobra pecho, te lo cambio por cuarto y mitad de cadera». Pero menudas son ellas... ¡como para pedirles que cooperen!

Los bañadores nos hacen peores personas. ¡A ver cuándo vuelve el invierno!

Los bolsillos

Cajones de tela en armarios de paño

Los bolsillos, como todo el mundo sabe, son lo único que nos diferencia de los animales... excepto de los canguros. El problema es que a ellos no les sirven de nada, porque, como se pasan el día dando saltos, y no tienen cremallera, lo pierden todo. Si tuvieran cremallera, sería peor, porque las australianas no necesitarían bolsos... Llevarían canguros atados con correa, ¡y ponte tú a encontrar unos zapatos a juego!

Los bolsillos son uno de los lujos del primer mundo y del estado del bienestar. Están tan de moda que hay una especie de obsesión por hacer cosas de bolsillo. Sin embargo, la principal característica de las cosas de bolsillo es no caber en un bolsillo. ¿En qué bolsillo cabe un libro de bolsillo?

Otra característica de las cosas de bolsillo es no tener utilidad alguna. Las linternas de bolsillo alumbran menos que las normales, pero, a cambio, en un bolsillo no caben. Las navajas de bolsillo por un lado te ocupan todo el bolsillo y por el otro cortan menos que una navaja normal. Y también están las radios de bolsillo, las tijeras de bolsillo, ¡si hasta hay bolsillos de bolsillo! Son esa especie de bolsillos enanos que hay dentro del bolsillo de los pantalones vaqueros... ¿Sirven para algo?

Los bolsillos son un vicio más que una necesidad. Hay famosos como Tico Medina o Arturo Pérez-Reverte que se entusiasman, compran los chalecos en Coronel Tapiocca y tienen más bolsillos que cosas que meter en ellos.

El problema es que se piensa que los bolsillos son para guardar cosas y en realidad son para perderlas. Metes unas monedas y en cuanto te sientas en un coche se fugan. Y las llaves van cavando un túnel. Está claro que a las cosas no les gusta estar en los bolsillos, porque se escapan.

Y tiene su mérito, sobre todo con los bolsillos de los vaqueros, porque son prietos prietos. ¿Vale la pena que los pantalones vaqueros tengan bolsillos? Los de atrás están justificados, porque cabe la cartera. ¿Pero los de delante? Ahí el peligro no es que las cosas se pierdan, es que lo que entra... ya no sale.

Antes de meter las manos en los bolsillos de un vaquero pensadlo dos veces. Todos sabemos que no cabe una mano entera, como mucho caben cuatro dedos. Se pueden meter cuatro dedos hasta los nudillos y dejar el pulgar fuera, pero eso te condicionará la postura de todo el cuerpo e irás con los codos para afuera, como si tuvieras asas. Es la postura típica de los modelos de El Corte Inglés, que si los ves de lejos parecen la Copa de Europa.

Otra opción es la postura denominada «pulgar colgandero», metiendo el pulgar dentro del bolsillo a modo de gancho y dejando la mano colgando por fuera. Esta postura tiene la ventaja de que pareces un vaquero a punto de desenfundar.

La pregunta sin resolver es si los bolsillos son realmente necesarios. Los superhéroes no tienen bolsillos. Pensad que si Supermán os salva y le queréis dar una propina tendréis que ponerle los billetes en el tanga.

Hay un bolsillo terroríficamente divertido: el bolsillo corredero. Es el bolsillo que entra por un lado y sale por el otro, y se puede encontrar en sudaderas y petos vaqueros. La sensación es terrible, porque metes una mano en el bolsillo, dentro te encuentras la otra y te mueres del susto.

Todos estos tipos de bolsillo se deberían cambiar por el bolsillo de abuelo, que es el mejor de todos. En él las cosas no se escapan, cabe una mano entera y todo lo que sale de dentro es bueno y siempre hace ilusión.

Los botones y las cremalleras

Cerraduras de andar por casa

Contaré una cosa muy cruel que hacía mi madre: yo llegaba a casa del colegio más muerto de hambre que un famoso de *La isla de los famosos* y me encontraba en la cocina una caja azul, de lata, de galletas danesas. La abría y estaba llena de botones, carretes de hilo y dedales... ¿Cómo pueden ser las madres tan crueles? De ahí viene mi odio atroz hacia los botones.

Los botones no son buena gente. Si te tienes que poner la camisa a toda prisa, ellos se resbalan y dejan de caber por el ojal. Los botones nunca colaboran.

Lo hacen para incordiar. A mí no me molesta demasiado... pero imaginad a un cura con prisa que se tiene que abotonar toda la sotana. A misa de una no llega.

¿Y si ese cura termina de abotonarse y ve que le sobra un botón por arriba y un ojal por abajo? En ese momento ese cura se caga en... Vamos, en ese momento ese cura pierde la fe.

El problema de los botones es que su vida está pendiente de un hilo y a nosotros nos da igual. Muchas veces pasa que miras un botón y te das cuenta de que le sale un hilo. Sabes que si tiras de ese hilo se va al cuerno... pero no se puede evitar: tiras del hilito y... ¡fiuuu!

Hoy en día perder un botón no es un problema, porque os habréis fijado en que ahora las camisas traen su fila de botones y luego, debajo, uno que no tienes dónde abrocharlo. Yo lo cogía y decía... «A ver si es que se me ha caído un ojal». Pues no, ese botón es como la rueda de repuesto.

Antes se te caía un botón y era una aventura, era como buscar el Santo Grial.

Ibas a la mercería, donde siempre había mogollón de gente, y todos trapicheando. Parecen los lavabos de un after hour, todos con las pastis...

—Mira, tengo estos tres rojitos que te van a sentar puta madre.

—Mitsubishi, mitsubishi, ¿tienes mitsubishi?

Allí había más botones que en la nave de *Star Trek*. De cuero, de nácar, de madera, con cabeza de ciervo, botones de ancla para trajes de Primera Comunión..., que es un traje que te pones una vez en la vida, ¡ya es mala suerte perder un botón!

Otros botones que tienen son esos que parecen dientes de oso. Estuvieron prohibidos mucho tiempo porque los niños iban al zoo, veían a un oso con la boca abierta y decían: «Mira, mamá, un oso con la boca desabrochada». Se acercaban para abrochársela y el oso les comía los dedos.

Estuvieron dando vueltas al tema y llegaron a la conclusión de que era mejor prohibir los osos y que la gente pudiera llevar las trencas bien abrochadas. Por eso en España ya no hay osos, y este invierno vuelven las trencas.

Pero para mí hay unos botones que son mucho más absurdos: los de los gayumbos. Porque no sólo son completamente inútiles, sino que se te clavan. De hecho, a veces llevo bragas en lugar de gayumbos para que no se me claven los botones.

Como los botones son unos pesados, se inventó la cremallera. Si los curas, en lugar de tener que abrocharse todos esos botones, se pusieran una cremallera, llegarían puntuales a la misa, que siempre entran los últimos y tienen a todo el mundo esperando. Y la gente que va a misa hoy en día no está para que la hagan esperar mucho.

Las cremalleras tienen un problema: se estropean. De repente la subes y te pasa una cosa súper desconcertante: se abre por abajo. O se atranca, que eso es peor. Terminas de hacer pis, vas a subirte la cremallera y no sube. Y tiras. Y no sube. Y... dices: «Ya no tiro más. A ver si se va a soltar y me produce una lesión irreversible...». Porque si tiras con ahínco y enganchas el pellejito... es mejor morir.

¿Y qué pasa cuando te mueres? Imaginad que le vais a abrochar la boca a un oso, que os come y os morís... ¿Qué pasa después? Que os meten en una bolsa con cremallera. ¿Os imagináis una bolsa de muertos con botones? Los entierros empezarían tardísimo. Entre lo que tarda el cura y lo que tardaría el difunto... sale más rentable prohibir que se muera la gente, prohibir los curas y vivir en paz y armonía con los osos. Y que mi madre guarde las cosas de la costura en otro sitio que no sea la caja de galletas danesas.

Los maniquíes

Son, como los actores y las modelos, hombres y mujeres de pasta

¿Qué está pasando con los maniquíes? Y más concretamente, ¿qué les está pasando a los pezones de los maniquíes de Zara? Parece que les sacan punta con un afilalápices. Está la camiseta a punto de rasgarse, son un peligro: si te acercas a ver si la camiseta es de algodón, te pueden sacar un ojo.

De hecho, las ponen en el escaparate en esa postura tímida, como con la cadera hacia delante y los hombros hacia atrás... Es que si el maniquí se cae hacia delante con esos pezones raja el cristal. Está muy bien esa postura, es como si fueran a torear. Y con la boca abierta, que parece que están diciendo: «Hey, toro». Lo que pasa es que en este caso la torera tiene más pitones que el toro.

Parece que los fabricantes de maniquíes están obsesionados con pequeñas partes de los maniquíes. El pezón es al maniquí de Zara lo que la pestaña al de El Corte Inglés: un símbolo. En esas pestañas puedes colgar una chaqueta de pana mojada y no se cae. Esas pestañas interminables, espesas... Parece que, en lugar de rímel, les ponen puré de lentejas. Es curioso: unas pestañas con unos pelos largos como espaguetis y ponen a la tía calva. Con el pelo de las pestañas podrían ponerle pelo en toda la cabeza y todavía les sobraría para otras partes...

Los maniquíes no parecen personas, parecen seres galácticos. ¿Sabéis por qué? Porque si los hicieran más reales sería un lío:

—Oiga, quiero el pantalón que tiene ese maniquí que está sentado en la silla.

—Disculpe, ése es un cliente que se ha quedado dormido.

También es por otra razón: porque robar en El Corte Inglés sería muy fácil..., todavía más. Se subiría a la peana un mimo de los que hay por la plaza Mayor, se quedaría quieto quieto... y aunque en ese momento no le echen dinero, luego por la noche... puede robar todo El Corte Inglés. Que no pasa nada, «Quien roba a un ladrón...».

Esto también tiene su riesgo, porque, si está allí el mimo y a alguien le gusta su ropa, lo desnudan. Pero gracias a Dios eso no pasa, porque los maniquíes tienen preferencia sobre las personas. Tú le dices a un dependiente de Zara:

—Oiga, que me gusta esta chaqueta.

—No nos queda.

—Bueno, pues deme la del maniquí.

—No, la del maniquí no puede ser.

—¿Por qué?

—Porque es la del maniquí.

¿Qué pasa, que el maniquí tiene mal genio? Creo que sí, porque tienen todos cara de mala leche. No sonríen, son como las modelos, quieren que compres la ropa que llevan, pero tienen una cara de mala leche...

Es normal, porque algunos maniquíes están muy maltratados, no se les respeta. No lo podemos evitar. Si hay uno de esos que tienen las manos de espuma, les doblamos los dedillos y los ponemos a hacer cuernos. O los maniquíes de los pintores, que, estén en la postura que estén, siempre creemos que podemos aportar una postura nueva, y los retorcemos.

Los peores son los maniquíes de las tiendas cutres. Se parecen a Tamara. Tamara tiene cara de maniquí de droguería, con las cejas pintadas con compás, y te mira como diciendo: «Estos bastoncitos de los oídos son patéticos».

En un mundo perfecto, en las tiendas de animales habría maniquíes de perros para ver cómo les queda el collar antipulgas. Y habría maniquíes de pulgas. Y los maniquíes de los niños tendrían heridas en las rodillas. Pero debemos conformarnos con un mundo lleno de maniquíes de Zara con pezones erectos. ¡Qué se le va a hacer!

Las mochilas

Un airbag para la espalda

Existen unos pequeños seres que han hecho muchísimo por nosotros y a los que siempre les hemos dado la espalda: las mochilas.

Todo el mundo sabe que las mochilas se inventaron para que a los niños, al salir del colegio, no se los lleve el viento. Como lo niños pesan poco y tienen una imaginación eólica, o los lastras con Matemáticas y Física, o al salir del cole se vuelan, como María Sarmiento.

En los años escolares la mochila es la vida y hay que personalizarla. Los niños ponen chapas, pines y —los más ingenuos— pegatinas. Las niñas ponen peluches. Son los albores del tuning.

A mí me hacía mucha gracia que las niñas, con toda su ilusión, pusieran peluches colgados de las correas de las mochilas. Porque esos peluches se iban convirtiendo gradualmente en pompones de roña, iban adquiriendo enfermedades de la piel del peluche para las que todavía no hay cura. Un peluche de Mi Pequeño Poni o de Tarta de Fresa no está preparado para el ritmo de vida de una mochila trotona.

Tu madre, que también tiene alma de tunera, cogía la mochila y te obligaba a poner con rotulador Edding 1.200: «Luis Piedrahita Cuesta, 4º B». Pero como la superficie era de nailon no quedaba nítido. Quedaba el nombre lleno de pelillos de tinta, como si fueran afluentes.

¿Y por qué «Piedrahita Cuesta»? El cole es uno de los pocos sitios en los que todavía se usa el segundo apellido. Debe de ser para evitar incómodas confusiones:

—Tenemos la mochila del colegio de Luis Piedrahita.

—¿Luis Piedrahita padre o hijo?

¿Y por qué 4º B? ¿Esa mochila sólo servía para un curso? No, no, no. De eso nada, al año siguiente venía tu madre, la reina del tuning, y te convertía el cuatro en un cinco pintando por encima. Y no quedaba nada bien, quedaba un cinco como con aristas. Luego hacía un seis rellenando lo que faltaba... y para el siete había ya que comprar una mochila nueva.

Pero nunca tirabas la mochila vieja. Si buscáis por casa, veréis que todos tenemos esa mochila del cole, en el fondo de un armario, y todavía tiene dentro migas de bocadillo. Ay, el bocadillo..., el eterno habitante de la mochila. Siempre envuelto en papel Albal. Se iba para el fondo. Y cuando lo sacabas..., dos días después..., estaba todo aplastado. Si le tocaba la esquina, salía doblado en ángulo, con todas las marcas de las costuras y de los refuerzos de la bolsa. Eso sí que era pan «de molde».

Cuando te comías ese bocadillo, había adquirido los sabores de todo lo que hubiera dentro de la mochila: Historia, Gimnasia... Tu madre te preguntaba:

—¿De qué quieres el bocadillo?

—Me da igual. Cuando me lo coma, me va a saber a Pelikan...

Luego uno se hace grande y ya no tiene que llevar mochila. A no ser que te hagas paracaidista, cazafantasmas o Labordeta.

Cuando veo a esos tíos que viajan por Europa con una mochila del tamaño de una cabina telefónica, me pregunto... ¿qué llevan ahí dentro? Creo que el verdadero viajero va dentro de la mochila y el que la lleva a la espalda es el chófer.

Las asas dicen mucho del que lleva la mochila. El mero detalle de llevar la mochila cogida sólo por un asa hace que seas guay. En cambio, si la llevas colgada de las dos, eres un pringao. Yo la llevaba con las dos y cinturón, porque para mí las asas eran un misterio. Por ejemplo, la trabilla plástica que vive en el centro del asa, esa trabilla encargada de gestionar la longitud de la correa, una pieza con dientes y un palito como para enganchar... Eso no hay Dios que lo entienda. ¡Se escurre! Y si haces un nudo para que adquiera cierta dignidad, la correa se deshilacha y eso ya no tiene arreglo... Menos mal que las asas de los paracaídas van con otro sistema.

Las asas de las mochilas son para que tú lleves la mochila, pero en el caso del paracaídas es la mochila la que te lleva a ti. Si las mochilas sirven para que a los niños no se los lleve el viento, los paracaídas son para que los mayores que intentan volar no se estrellen contra el suelo.

Los pijamas

Vestido de noche de andar por casa

Últimamente los pijamas me quitan el sueño. El pijama es para mí un océano de dudas. Para empezar, ¿cómo se mete un pijama en casa? Porque nadie ha dicho nunca: «Huy, esta tarde tengo que comprarme un pijama sin falta... Necesito uno a juego con estas zapatillas». Si no tienes pijama, improvisas uno: camiseta y calzoncillo, y listo.

Aquí merece la pena hacer un inciso, porque el fenómeno de la camiseta y el calzoncillo supone un aluvión de dudas. ¿Cuántas veces hay que ponerse una camiseta para que ésta pase a la categoría de pijama? ¿Y cuántas noches ha de pasar una camiseta de pijama para pasar a limpiar cristales? ¿Y cuántos cristales ha de limpiar una camiseta de pijama para pasar a limpiar zapatos? Eso ya es lo último, es poner la camiseta a la altura del betún. Es un ciclo y he calculado que dura aproximadamente doce años. Ahora mismo, la gente está limpiando los cristales con camisetas de la Expo.

¿Qué criterios se siguen para que una camiseta pase a pijama? Hay dos vías. Cuando la eliges tú, debe cumplir una norma: ser fea. Si es de propaganda de un negocio local, perfecto: «Andamiajes Corrochano», ¡¡perfecto!!

Sólo tocarla y ya te da sueño. La segunda vía es que tu novia se quede a dormir y con total impunidad coja tu camiseta favorita y se la ponga de pijama. Esa camiseta ya no vuelve a ser la misma. Ya no la recuperas. Cuando una camiseta ha pasado una noche como pijama, ya queda marcada para siempre.

Pero si la gente no compra pijamas... ¿cómo llegan a las casas? Pues como los bombones y las flores: se regalan. Cuando te regalan un pijama, se te queda cara de Bustamante cantando en pausa. Poned un vídeo de Bustamante cantando, dadle a la pausa y veréis la cara de estreñido sonriente que se te queda cuando te regalan un pijama. Y dices: «Ah...un pijama». No te sale otra frase.

Esto hace que renazcan en mí las dudas pijamiles: ¿para qué les ponen botones? ¡Que se clavan! Creo que si cada uno tuviera que comprarse sus propios pijamas los harían sin botones. Pero, como es para otro, nos da igual, que se joda. La gente es así. Como es para regalo, da igual que sea molesto. Por esa regla de tres acabarán fabricando para regalo Tampax de mimbre.

¿Para qué los bolsillos? No sólo no metes nada en ellos, sino que, si un día metes algo, lo pierdes para siempre. «¿Dónde están las tijeras? ¿Dónde están las tijeras?» El único sitio en el que jamás se te ocurriría mirar es en el bolsillo del pijama. Y si te clavas los botones durmiendo, bueno, ¡pero las tijeras...! Sería horrible, habría que echar a lavar las sábanas.

La más grande duda sobre los pijamas llega ahora: ¿cada cuánto hay que echar a lavar un pijama? Eso no lo saben ni las madres. ¿Qué criterio seguimos para echar a lavar el pijama? ¿Olor? He visto pijamas que han pasado de pijama a trapo de limpiar zapatos directamente.

A la gente le vale cualquier cosa para meterse en la cama. Me refiero a la ropa: pijamas, calzoncillos y camiseta, esquijamas... Tampoco entiendo lo del esquijama. ¿Por qué se llama así si nadie va a esquiar con él? Es como un chándal, pero no tan elegante. Está hecho con tela de gamuza de limpiar las gafas y tiene una goma muy fina en la cintura que siempre está floja. Pero las gomas de las muñecas y los tobillos son como grilletes: te cortan la respiración. Te dicen:

—¡Qué moreno estás!

—No, es el esquijama, que me aprieta un poco.

La tela es tan fina que ves a un señor con esquijama y sabes dónde lo tiene todo en todo momento. No es que se vea a través de la tela, ¡es que se ve a través del señor! Vas al médico y dices:

—¿Me va a hacer una radiografía?

—No hace falta. Póngase este esquijama.

El esquijama tiene una debilidad: la entrepierna. Siempre se rompen por ahí. Es la zona más débil del esquijama. Digo yo... ¿qué les costaba poner un refuerzo? Ese agujero es más peligroso que el del casco del *Titanic*. Y lo peor es que cuanto más lo tocas más grande se hace. Llega un momento en que por ahí se cuela todo. Hay que tener un cuidado... Dices: «No, yo controlo, con cargar a un lado ya está». De eso nada, un día vienen a casa los duques de Luxemburgo, los recibes en esquijama y el saludo de mamá Anaconda no lo contempla el protocolo.

¡Ay, los pijamas! ¡Nos metemos con ellos en la cama y apenas los conocemos de nada!

Cosas de alimentación y cocina

El pan
Dánoslo hoy

Hay un tema que está en boca de todos y que es el pan nuestro de cada día: el pan.

La primera peculiaridad del pan es que nunca llega entero al hogar. No, porque vas a comprarlo y en el trayecto de la panadería a casa es imposible no comerse el cuscurro. Aunque no tengas hambre o no te apetezca, eso da igual. ¡Si luego en la comida no pruebas el pan! Pero en cuanto te lo dan... ¡ñaca!

Se dice mucho que los niños vienen con un pan debajo del brazo. El niño no sé cómo vendrá, pero el pan viene sin cuscurro fijo. Por eso le pega el médico, por haberse comido el cuscurro.

Lo del cuscurro es una faena. El padre de familia viene de trabajar, de ganarse el pan, y resulta que el pan con que le pagan está capado.

Si a todo el mundo le gusta el cuscurro... ¿por qué hacen las barras solamente con dos puntas? ¡Que hagan una barra con cuatro puntas y todos contentos! Claro que parecería un crucifijo... ¡Bueno, el cuerpo de Cristo!

Jesucristo fue uno de los famosos que más han hecho a favor del pan. Ya empezó con lo de la multiplicación de los panes y los peces. Daba de comer a quinientas personas con un pan y un pez, y lo llamaban «milagro». Ferrán Adrià hace lo mismo y lo llaman «cocina creativa».

El pobre Jesús multiplica que te multiplicarás los panes para que luego llegue un discípulo y diga:

—No, es que estoy a régimen y el pan engorda.

—No pasa nada, dejo de multiplicar y hago integrales.

Y de ahí derivó el pan integral, pionero de un montón de tipos de pan parecidos: pan de centeno, pan de higo, pan de cereales, pan de salvado... Son panes de alta costura que todos tienen la peculiaridad de que saben igual que un nido de pájaro. Sólo les faltan dos huevecillos en el medio.

También está la chapata, que es como un pan hecho con piel de cocodrilo. Ese pan no hace migas, se descascarilla.

Hay otra modalidad de pan que es el pan chicle. Es pan de menú del día de 5,95 euros. El pan gomoso lo muerdes y te hace un molde de la dentadura. No hay que intentar comerlo, es pan sólo para empujar. Puedes empujar hasta un tractor sin gasolina.

Ahora, como lo tragues... Empiezas a masticar, a masticar, a masticar... Tengo un amigo que empezó a masticar un trocito en su boda y en la boda de su segundo hijo aún no había tragado.

El pan chicle es muy de las bodas. Y, claro, la gente no se lo come y ocurre lo que ocurre... A los postres la gente hace bolitas con las migas y las bolas de miga de pan de chicle son como pelotas de goma de los antidisturbios. Eso lo lanzas a otra mesa y se monta una batalla campal, que acontece puntualmente entre los postres y la llegada de la tuna. Y no aprendemos, llega la tuna y ya no te queda pan para tirarles.

También está el pan de pueblo. Estás en la ciudad y ves una panadería que tiene escrito en un hoja de libreta cuadriculada arrancada de un cuaderno... «Hay pan de pueblo». Eso es un peligro. Porque el pan de pueblo, ¿de qué pueblo es? Digo yo que habrá unos pueblos que tengan un pan bueno y otros que no. Es un pan muy gordo y como de esponja. Haces un bocadillo con eso y no hay manera de meterlo en la boca: te hiere. Por eso en el pueblo están todos los viejos sin dientes.

Eso sí, es el mejor pan para mojar. Es superabsorbente, lo mojas en el huevo frito y se chupa la yema, las patatas, el plato y hasta la mesa. Tienes que tener cuidado de que no te absorba un brazo. Se han dado casos. Si después de comer fregaran los platos con el pan de pueblo, quedarían mucho mejor que con el Scotch-Britte.

El pan hace bocadillos, hace migas, absorbe y hace muchas más cosas, pero todo lo tiene que hacer en un día. Porque el pan es como la Cenicienta de los alimentos: a las doce de la noche se convierte en piedra.

Las servilletas

Gracias por su visita

Básicamente, las servilletas de papel se dividen en dos tipos: las que sirven para sonarse, y las que traspasan los dedos.

Estas últimas son las de los bares, las satinadas, que están como plastificadas. Alguien debe decirlo ya: las servilletas de los bares son una mierda. No limpian. Son impermeables. Rascan, arañan... A lo sumo, arrastran, pero no absorben.

Tú te bebes un café, te quieres limpiar el bigotillo, y no lo absorbe: lo extiende. Es como la goma que tienen los lápices, que no borra..., emborrona, extiende el borrón. Cuando empiezas a limpiarte el bigotillo, lo vas extendiendo por las mejillas, por el cuello... y para que se limpie lo tienes que extender hasta el codo.

Son impermeables, están plastificadas y son pequeñas. Es como limpiarse los morros con el DNI. Son tan enanas que, si estás comiendo gambas y coges una servilleta para limpiarte, ésa ya no sirve. El mero hecho de tocarla con los dedos pringosos ya hace que se desintegre.

Coges una y se desintegra; coges otra, también; otra, también; otra... y a la quinta o sexta... te puedes plantear utilizarla para limpiarte. Pero eso sí, una para cada dedo.

Creo que no son para limpiarse. Son un placebo. Nos las pasamos por los morritos y creemos que nos hemos limpiado. Como cuando los niños pequeños quieren una moto de verdad pero les compran una moto Feber. Y lo de la moto tiene su lógica, porque si a un niño de 6 años le das una Yamaha 500 se puede hacer daño. Pero ¿qué nos puede pasar a nosotros si nos dan una servilleta de verdad?

Otro uso de la servilleta satinada es envolver bollos. Si compras un cruasán, una napolitana de chocolate o un donut, te lo envuelven en una de esas servilletillas satinadas. Y es para indignarse, porque el barniz que llevan los cruasanes se pega a la servilleta, no hay dios que lo despegue, y quieras o no quieras... un cacho de servilleta te lo tragas fijo.

En estas panaderías te plantean una de las preguntas más difíciles de contestar de la Historia:

—¿Es para llevar o para tomar?

—Me lo quiero llevar, pero también me lo quiero comer.

Es muy difícil responder a esto. Lo que realmente quieren saber es si lo tienen que poner en servilleta o envolverlo en un paquetito. Pues que no se anden con misterios, que digan como en el resto de las tiendas: «¿Se lo envuelvo o se lo lleva puesto?».

Un paso más en el mundo de las servilletas de papel son las de restaurantes tipo Vips, Pizza Hut o McDonald's. Ésas son de papel bueno, de celulosa porosa, absorbente. Si se cae un vaso de Coca-Cola en la mesa, pones dos en plan dique y lo absorben.

Como se te caiga un vaso de Coca-Cola y te tengas que apañar con las satinadas, ya puedes poner, ya..., que las muy desgraciadas flotan. Tienes que aplastarlas para que se hundan.

Estamos tan traumatizados con la futilidad de las servilletas satinadas que cuando vamos a McDonald's pasa lo que pasa. Allí las servilletas sí que limpian, pero en cuanto alguien dice: «Voy por servilletas», ¡zaca!, trae nueve mil. No tenemos mesura. Ante un servilletero de McDonald's nos sentimos como Torrente delante de una muñeca hinchable. Perdemos las formas, lo queremos todo, lo vejamos.

Podemos dar un paso más en el mundo de las servilletas: las servilletas de tela, que son tela marinera. Son la crema de las servilletas. Me encanta cómo las ponen en los restaurantes caros, como un cucurucho metido en la copa, o en el plato, o cuando las doblan como la cola de un pavo real... que es un peligro, lo mismo te confundes, crees que es un entrante y te comes la servilleta. Se han dado casos.

Otras servilletas de tela famosas son las que usan los del Oeste para atracar bancos. No sé qué les pasa a los del Oeste, que se ponen una servilleta en la boca y creen que nadie los reconoce. ¡Con lo bien que sienta una media de lycra! Tal vez si los vaqueros atracan con servilletas, se limpian los morros con pantys de lycra.

El Cadillac de las servilletas es la que usa el cura en misa. Esa servilleta es la de Dios. Sale en el momento de máxima audiencia de la misa. Todo Cristo mirando. El cura bebe vino y luego se limpia los labios con una servilleta blanca inmaculada... ¡Pero está loco! ¡La mancha de vino no sale! El pobre Cristo quiere mirar, pero tiene los ojos cerrados, que lo he visto yo.

Para eso sí que se puede utilizar una de las satinadas, que las de tela luego hay que limpiarlas con lejía, y los tejidos amarillean, y se ponen ásperos. La servilleta de cura está tan áspera que se puede encender una cerilla. Y un día le pasará como en los anuncios, se estará limpiando los morritos y ¡rasss!, se le rasgará la servilleta. Y el monaguillo dirá: «¡Ay, padre, eso le pasa por no utilizar Neutrex líquida!».

Las cucharas

Apenas cubiertas en un mundo de cubiertos

Para entender a las cucharillas primero hay que hablar de sus pobres madres: las cucharas.

Es muy duro ser cuchara. Es el único cubierto hembra en un mundo de cubiertos macho. Sus compañeros de trabajo, el cuchillo y el tenedor, son unos machistas y la discriminan. Al poner la mesa, a ella la ponen al otro lado del plato. Ellos se encargan de las grandes comidas y a ella la mandan cuando hay un puré o un sopicaldo... ¡Eso es discriminación en el trabajo! La cuchara debería denunciar al cuchillo y al tenedor por mobbing.

La cuchara es una madre que no ha podido ocuparse de sus cucharillas todo lo que hubiera querido. Antes de nada, ¿qué es una cucharilla? Hoy en día la gente llama cucharilla a cualquier cosa. En la máquina de café de la oficina das al botón y te sale el café y un palo de plástico.

—¡Coño! ¡Se le ha caído una pieza a la máquina!

—No, es la cucharilla.

¿La cucharilla? ¡Si parece una pieza de mecano! La gente llama cucharilla a eso o al trozo de plástico que viene dentro de las tarrinas de Häagen-Dazs. ¡Eso no es una cucharilla, por Dios! Si ni se sabe qué lado es para agarrar y qué lado es para pinchar el helado. Yo me como el helado con el DNI. Sólo tiene un inconveniente: te corta la comisura de los labios y, si no andas con cuidado, te queda la sonrisa como la raya de un culo.

Las cucharillas de verdad son como su madre, pero más pequeñas. Y son criaturitas imprevisibles. Vas al cajón de los cubiertos y hay exactamente el mismo número de cuchillos, de tenedores, de cucharas... Pero cucharillas... Ay, amigo, eso es un misterio. Puede haber setenta mil o puede que no haya ninguna. No serás el primero que se tenga que comer el yogur con una cuchara sopera.

Normalmente no hay ninguna. ¿Por qué? Porque la cucharilla hace de todo. Como es hija de madre soltera ha tenido que ponerse a trabajar. Puede ser, por ejemplo, cucharilla de azucarero. Todos los cubiertos la envidian: «¡Qué vida tan dulce! ¡Oh, qué envidia!». Pero de eso nada. Es la dulcísima amargura de la cuchara que ya no disfruta del azúcar. Es como ese gasolinero al que ya no le hace ilusión el olor a gasolina. De hecho, a la pobre le sale una costra de azúcar que empieza siendo blanca y acaba siendo marrón. Al final la cuchara ya no tiene receptáculo, se hace bola y más que una cuchara parece un Chupa-Chups. Creo que, si esperas un poco, se rompe el caparazón de azúcar y aparece una mariposa.

Las cucharillas también pueden desempeñar la labor de cucharilla de café. Horrible trabajo. Nadie lo valora, pero para ser cucharilla de café hay que tener más capacidad pulmonar que un buceador de perlas. Alguien te sirve el café, coges la cucharilla, la cucharilla coge aire... y la metes de cabeza en el café. Y la pobre cucharilla tiene que aguantar buceando. Normalmente la gente revuelve, la saca y la deja en el platito. Pero alguno se olvida, deja la cucharilla ahí abajo, sumergida, aguantando... En un café largo una cucharilla se la juega. Muchas veces voy por las cafeterías haciendo el boca a boca a las cucharillas de café que se han quedado asfixiadas, pero casi siempre es demasiado tarde... y ya están frías.

Otra cosa que se hace con las cucharillas es evitar que se les vaya el gas a las botellas de sidra El Gaitero. La pones en el agujero de la botella y ya no se escapa el gas. Vamos a ver... No sé cómo eran las botellas de antes, pero las de ahora tienen el agujero más gordo que la cuchara... Es como si un señor tiene aerofagia y flatulencias y le dices que se meta una cucharilla en el esfínter para que no se le escape el aire.

Muchas cucharillas se dedican a lo biosanitario, como la cucharilla del jarabe. Un día alguien tiene tos, se compra un jarabe y una cucharilla emigra del cajón de los cubiertos a la caja del jarabe y ya no vuelve a ver a su familia. Bueno, puede que sí la vea, porque un día alguien tiene que machacar una aspirina y coge dos cucharillas. Esas dos ven a su hermana, la pobre, sola, pegajosa, chupada, con trozos de la caja del jarabe que se le han quedado pegados... y la cucharilla del jarabe dice: «Por favor, no digáis en el cajón que me habéis visto así... Decid que soy una próspera cuchara de negocios».

Hay otra cucharilla que está en la mesita de la tele porque un día salió Uri Geller diciendo que la iba a doblar con la mente... y al final acabaste tú doblándola con las manos. ¡Cómo va a haber cucharillas en el cajón de los cubiertos! ¡Han emigrado todas! Otras se han ido al campo, porque hay gente que se las mete en la boca, ponen un huevo duro y, ¡hala!, a hacer carreras. Es un concurso campestre.

Lo más importante que puede hacer una cucharilla es pedir silencio en una boda. Están todos comiendo, uno coge una cucharilla y una copa, y empieza ¡ti ti ti ti ti! «¡Callad, callad». ¡Ti ti ti ti ti! Eso es absurdo. Pedir silencio así es como pedir la paz a cañonazos.

El único sentido que tiene lo del ti ti ti ti es que es el único momento en el que las cucharillas saben las unas de las otras. Esa cucharilla habla por Morse y cuenta a las demás lo que está haciendo cada una. Y cuenta que la del jarabe ha triunfado en la medicina, que la del huevo duro ha hecho una carrera excelente, que la de la botella de sidra El Gaitero está en una botella de champán, que la del azúcar lleva una vida la mar de dulce y que ella está en la boda de Felipe y Letizia, o en el bautizo... Y es el único momento en que la mamá cuchara está orgullosa de las cucharillas.

Los platos

Había una vez un platito feo...

Nadie ha sabido reconocer todo lo que han hecho los platos por nosotros. Si no hubiera platos, tendríamos que comer directamente encima de la mesa, y luego habría que echar las mesas a lavar. El lavaplatos no se llamaría «lavaplatos», se llamaría «lavamesas», y sería un aparato bastante más grande e incómodo.

Imaginaos al pobre hombre de Calgón cambiando la resistencia de un lavamesas, una resistencia del tamaño de un somier toda llena de cal: «Señoras, por favor, echen Calgón a su lavamesas, que cambiar una cosa de éstas equivale a tres mudanzas». Y, claro, cobrarían una pasta. Los hombres de Calgón serían tan millonarios y tan superfuertes que serían considerados semidioses. Y aterrorizarían a las amas de casa: «¡Eche Calgón a su lavamesas...! ¡Ja, ja, ja!», «Prolongue la vida de su lavamesas con Calgón...! ¡Dominaremos el mundo, ja, ja, ja...!». Serían los hombres más deseados y harían el amor con supermodelos de alta costura. ¿Y qué hijo tendrían el hombre de Calgón y una modelo de lencería? Una modelo del catálogo de Venca. Imaginad ahora la Tierra dominada por modelos del catálogo de Venca. ¿Os gustaría? No, ¿verdad? Pues fijaos en todo lo que les debemos a los platos.

La gente ignora muchas cosas de los platos. Para empezar los platos son una familia. El primero de los hermanos es el primer plato, el plato hondo, el sopero. Ese plato barrigón es normal que sea barrigón, porque sólo se alimenta de garbanzos, fabadas, judías... Esos platos se guardan en una pila aparte porque si de día comen fabada, de noche nadie quiere dormir con ellos. Todos hemos oído hablar del temido pedo del plato sopero. Nosotros no podemos olerlo porque los pedos de los platos huelen en una frecuencia que sólo ellos pueden oler. Pero, si os fijáis al día siguiente, los platos están empañados por el centro. Sólo vemos el vaho, pero los otros platos se quedan pálidos del olor. Para ellos equivale a ese pedo espeso de hermano mayor que pudre el gotelé de las paredes.

El segundo hermano es el plato llano. Es el segundo plato, el más común, el del filete. Ése se lleva la peor parte porque alberga las comidas de cuchillo y tenedor, y eso pincha y clava. Cuando ya no aguanta más, el pobre plato suelta quejiditos. Arañas con el tenedor en el plato y hace «¡ñiiic!».

El plato de postre es todavía más pequeño que el anterior. Es curioso: según se va acabando la comida, los platos son más pequeños. Es plato para tarta helada, melocotón en almíbar, pera... Ese plato está mal pensado: resbala. El último trocito de helado o de melocotón siempre se resbala. Los platos de postre deberían tener velcro o, si no, habría que poner cadenas al melocotón en almíbar.

Luego está el hijo espurio de la familia de los platos: el plato de cartón de cumpleaños, que te comes la tarta y se dobla. Es como si estuvieras comiendo un kebab de cartón. Este plato tiene sólo una vida, no como los otros. Para los platos de loza cada comida es una vida. Un día se reencarnan en plato de espaguetis, otro día se reencarnan en plato combinado... Después de comer pasan una temporadita en el fregadero, que es el purgatorio de los platos. Hay platos que están un ratito en el purgatorio y luego los friegan, pero también están los platos a los que les toca vivir en un piso de estudiantes. Ahí el purgatorio puede durar una eternidad. Dejas los platos de espaguetis a fermentar, se secan y se van apilando haciendo castellets, pero nada organizados. Va uno para arriba, otro atravesado... los ves y parecen el Guggenheim. Eso sí, todo muy compacto y consistente. El tomate seco es como una argamasa blindada, que luego, cuando quieres fregar, tienes que usar sierra y soplete. El Acueducto de Segovia lo hicieron con tomate de espaguetis.

Luego está el tema del lavaplatos. Para los platos, entrar en el lavaplatos es como llegar al día del Juicio Final. Cuando abres el lavaplatos, sale ese humo blanco como del programa *Lluvia de estrellas*. Ha entrado un plato vestido del señor Barragán y ahora sale un plato reluciente como Chenoa.

Un día los platos alcanzan el nirvana: cuando pasan a ser platos decorativos. ¿De quién ha sido la idea de que algunos platos puedan ser decorativos y se puedan colgar en las paredes? Los vasos, no; los cubiertos, tampoco, pero los platos, sí. Platos con escenas de patos salvajes, platos con chinos en cojines, platos con unas carrozas inglesas... Yo antes me preguntaba: «¿Para qué está ese plato en la pared? ¿Por si viene Spiderman a comer?».

Una vez que un plato llega a ser colgado de una pared... ya no vuelve al fregadero. Si no existieran los platos, comeríamos sobre las mesas y sólo los superhombres de Calgón comerían en esos lujosos platos que están en la pared.

Los vasos de Nocilla

Envases con bases... y besos

Existen unos pequeños seres que nos quisieron mucho, nosotros también los quisimos, pero un día, sin saber por qué, nos separamos de ellos: los vasos de Nocilla.

Los vasos de Nocilla saben quién es de la familia y quién no. Un día se quedan unas personas a comer en casa. Cada uno ayuda como puede: unos llevan cosas, otros ponen la mesa y enseguida se pone de manifiesto quién es amigo de la familia y quién es sólo conocido. El que sólo es conocido es el que pregunta: «¿Dónde están los vasos?». Si eres amigo de la familia, sabes dónde están los vasos.

Hay muchos tipos de vasos, pero el vaso insignia de una familia española es el vaso de Nocilla. Eso es reciclar. Un bote de cristal que luego se recicla en vaso, eso habría que hacerlo más a menudo. Con los zapatos, por ejemplo. Si vinieran en cajas de cristal, luego se podrían reciclar como urnas electorales. O los aplicadores de los tampones: si los hicieran de cristal, luego los podríamos usar como tubos de ensayo en laboratorios científicos.

¡Qué gran vaso el de Nocilla! Vaso grueso, buen cristal... Son eternos. Abres el armario y están ahí, como trofeos. Voy a casa de mis padres y puedo saber exactamente cuántos botes de Nocilla he tomado en mi infancia.

Deberíamos quererlos como a una madre, porque los vasos nos han visto crecer y nos han amamantado. Saben nuestras enfermedades, las padecen con nosotros y se toman nuestras mismas medicinas. Tú te tomas un Frenadol o una aspirina efervescente y siempre queda un poquito en el culo del vaso. ¡Ay... los culos de los vasos! ¡Qué belleza! El culo del vaso de Nocilla, con esos piquitos. Es como si le hubiera cristalizado la celulitis.

Me preocupa que la gente atribuya a los culos de los vasos cualidades que en realidad no tienen. Por ejemplo, la de escuchar con el vaso a través de una pared. Eso no funciona. Se oye peor. No se oye nada. Y es lógico, porque pones la boca del vaso en la pared, cuando «la boca» es la parte que habla, y luego apoyas la oreja en el ano del vaso. Con eso no se puede oír nada, ya que de toda la vida es sabido que el ano es uno de los mejores aislantes que hay.

Esta afirmación merece una explicación pormenorizada. El ano es el mejor aislante que existe porque, cuando un esfínter se cierra, de ahí no se escapa ni una gota de olor. Se ve muy claro un día de resaca. Nos ha pasado a todos. Vas al cuarto de baño, haces una deposición y te sorprende el olor de tu propia caca. Dices: «Santo Dios, ¿qué bebería yo ayer? (Cosa que sólo saben los vasos.) ¿Qué habré bebido para que esto huela a Satán quemado?». Pues en ese momento piensa que, unos instantes antes, esa pestilente hez fecal estaba dentro de tu cuerpo ¡y no olía nada! ¿Por qué? Porque estaba el ano ahí, haciendo su función aislante.

La gente viaja de Asturias a Madrid con un queso de Cabrales. Envuelves el queso en periódicos, lo metes en un tupper, el tupper va envuelto en papel Albal, dentro de una caja de zapatos, rodeado todo con cinta americana... Y el coche acaba oliendo a queso.

Sin embargo, ahora mismo todos llevamos 200 gramos de heces fecales en nuestro interior y nadie huele nada. Asomaos por la ventana. Toda la gente que veis por la calle está rellena de caca. ¿Alguien huele algo? De lo que se deduce que, si queréis viajar de Asturias a Madrid con un queso de Cabrales y no queréis que huela, sólo lo podéis meter en un sitio.

Digresiones aparte, con un vaso de Nocilla hay cosas que se pueden hacer y cosas que no. No se puede escuchar a través de las paredes, pero beber agua, sí. Tomarte una aspirina, sí; tomarte un cubata, no. Todos hemos vivido alguna fiesta botellón de baja ralea celebrada en casa con pocos medios, donde la gente está tomando kalimotxo en vasos de Nocilla... Eso no es digno. No es elegante. No me imagino a Isabel Preysler tomando kalimotxo en un vaso de Nocilla con un solo hielo triste, ovalado y pequeño como un huevo de codorniz. Ese hielo huevo, blanquecino, que no enfría, que lo ves y dices: «Este hielo me está calentando el kalimotxo».

En ese momento nos separamos de los vasos de Nocilla. Ése es el momento en que el vaso de Nocilla nos mira a los ojos y ve que hemos crecido. Y ya no nos entiende. Es normal que ese vaso que nos dio Cola Cao con galletas ahora no sepa darnos kalimotxo. Es ley de vida.

Los detergentes y otros productos de limpieza

No dejéis que los niños se acerquen a mí

Unos de los seres más interesantes y curiosos de la fauna española son los productos de limpieza para el hogar.

Para empezar, lo más curioso es su hábitat. No hay ninguna ley que lo exija, nadie se ha puesto de acuerdo con nadie, pero en todos los hogares de España los productos de limpieza se guardan en el armarito de debajo del fregadero, al lado de la basura. Es un sinsentido, basura y limpieza son contradictorios. Es como si nos diera por guardar las cuchillas de afeitar y los preservativos en el mismo cajón.

A mí ese armarito me encanta, sin baldas, sin tabicaciones, con las tuberías a la vista... ¡Es un armarito tipo loft! El problema es que, si quieres colgar unos guantes de fregar, los tienes que poner en la tubería del fregadero, y se quedan, los pobres, cabeza abajo, como si fueran dos murciélagos. Es un peligro para ellos, es como vivir en un trapecio, sólo que si te caes, en lugar de caer en una red, te caes en un cubo de basura.

Eso tiene que ser terrible. Los productos de limpieza, emperadores del brillo y adalides de la higiene, han de vivir pared con pared, pero sin pared, con ¡un cubo de basura! ¿Os imagináis tener un vecino así de guarro? Y para colmo, te lo cambian todas las semanas... que es peor, porque te haces ilusiones: «Ay, a ver si se va éste y traen un vecino más limpio». Y zaca, marisco.

A lo mejor les gusta, porque los productos de limpieza tienen un sentido del olfato un poco raro. Pone «Ajax Pino». El tío que puso eso no ha olido un pino en su vida. Eso no huele a pino. En la etiqueta tendría que poner algo así como «Ajax Hospital Ucraniano», porque es un olor a limpieza soviética.

En otra botella pone «Amoniaco perfumado». ¿Qué mentira es ésa? Oledlo. Huele como si dentro hubiera personas muertas desde hace mucho tiempo. Y también pone algo en braille, para ciegos. Sólo espero que no ponga «perfumado»...

Lo que sí que huele bien, en cambio, es el Cristasol. Es embriagador..., casi sedante..., adormecedor. Un hombre limpiando cristales es de las cosas más hipnóticas que hay. Estás en la oficina, llega el limpiador de cristales y es imposible seguir trabajando. Nadie hace nada. Es como mirar una hoguera. Hay gente que, en lugar de contar ovejitas, cuenta señores limpiando cristales: «Un limpiacristales, dos limpiacrist... zzz...». Ser limpiacristales es una de las profesiones más arriesgadas que hay. Un día te toca limpiar un rascacielos de esos que tienen espejo, te ves a ti mismo, te duermes y te caes al vacío.

Otro producto peligroso es la lejía. Se están pasando con los anuncios de lejía, sobre todo con el de Lejía Neutrex, esa lejía que viene del futuro. Yo eso no me lo creo. Una tía vestida con unas mallas de lycra que te dice:

—Hola, vengo del futuro.

—No. Tú te acabas de bajar de un bobsleigh.

Se supone que en el futuro hay una señora que tiene una máquina del tiempo y puede hacer lo que quiera: salvar vidas, evitar catástrofes, ir a la época de Jesucristo y hacerle fotos desnudo... ¿Y qué es lo que hace? Vender lejía por las casas, como si fuera una repartidora de Telepizza. Una de dos, o esta tía es tonta o en el año tres mil la cosa del paro va a estar muy mal.

—Hola, vengo del futuro.

—¿Del futuro? ¿Y cómo es? ¿Habrá una Tercera Guerra Mundial? ¿Las Olimpiadas serán en Madrid algún año? ¿Cómo es el Juicio Final?

—¿Para qué quieres saber cuándo es el Juicio Final si llevas los puños de la camisa hechos un asco? Anda, toma esta botella de lejía...

Son anuncios que nublan la mente y la razón. Antes era clarísimo: Lejía Conejo, y salía un conejo blanco. Conejo blanco... ropa blanca. Aunque podría estar más claro: «Lejía Michael Jackson. Más blanco no se puede. Manténgase fuera del alcance de los niños».

Hay gente que dice que estos productos es mejor ponerlos en un estante alto para proteger a los niños. Pues no lo sé: un día el padre intenta coger el quitamanchas... se le caen encima disolventes, lejías y aguarrases, y el niño se queda huérfano.

Donde está todo mejor es en el armarito de debajo del fregadero. Allí cabe todo. El Tenn, que pone todo orgulloso «Tenn con bioalcohol». ¿Qué es el bioalcohol? Da igual, también pone «No tiene fosfatos», y tampoco sé lo que es, así que va una cosa por la otra.

El detergente de lavadora no tiene fosfatos, tampoco tiene bioalcohol, pero sí tiene vasito. El vasito se pierde siempre, lo sustituyes por una taza y la taza no se pierde nunca. Ese vasito no está preparado para andar por ahí dentro de un detergente tan grande. Es un vasito de plástico, como de cumpleaños, semienterrado en detergente, como si fuese un resto de un templo egipcio en un desierto de detergente. ¿Os imagináis un desierto de detergente? Allí casi mejor que no llueva nunca. Un día haces la danza de la lluvia y al día siguiente tienes que hacer la fiesta de la espuma.

Y mientras jugamos con la imaginación, todos los productos viven en paz y armonía en ese paraíso de la higiene y la basura que es el armarito de debajo del fregadero.

Grandes inventos

La rueda

El invento número uno

La rueda es uno de los inventos más sobrevalorados de la Historia. Ya sé que gracias a ella se inventaron la agricultura, los transportes y el comercio, pero en cinco mil años de ruedas no ha habido evolución, siguen siendo como el primer día: redondas.

Algún listo dirá que tienen que ser redondas para rodar, pero es que ni así funcionan. Cinco mil años haciendo ruedas y todavía no nos salen bien. Por ejemplo, las ruedas de la mesilla de la tele, que ni ruedan ni nada. Son como unos saturnos pequeñitos que les salen a las patas de la mesa.

Un día te pones malito, quieres llevar la tele a tu cuarto y las ruedas no giran. Tienes que arrastrarla, como si la llevases en un trineo. Primero giran un poco, pero de pronto encuentran algún obstáculo infranqueable, por ejemplo, un kiko, y se bloquean. Vas por todo el pasillo con las ruedas haciendo surco. ¡Por eso la rueda fue importante para la agricultura! Porque los pueblos nómadas andaban de acá para allá con la mesita de la tele hasta que uno dijo: «¡Coño, mira qué surco! ¡Voy a echar el kiko a ver qué pasa!». Y les salió un maizal.

No tiene perdón de Dios. Estamos en el siglo XXI, vivimos en la era de los super ordenadores con tarjeta

VGA, color, dos disqueteras, ADSL... Pero un día lo quieres mover para conectar la impresora y la mesa del ordenador tiene ruedas que no giran. ¡Con lo fácil que sería coger la mesita del ordenador y ponerle dos ruedas de bicicleta!

—Le he puesto a mi ordenador ADSL y va rapidísimo.

—Pues yo al mío le he puesto dos ruedas de bici y le da mil vueltas al tuyo.

Eso ya se ha aplicado a los carritos de bebé. ¿Os habéis fijado? Ahora vienen con tres ruedas como de motocross, unas ruedas más propias de un Range Rover. ¿Y adónde vas con esas ruedas, incauto? ¿No ves que ningún sitio al que debas ir con esas ruedas va a ser bueno para el chiquillo? ¿Adónde llevas tú el bebé a pasear? ¿A un campo de minas?

Si a alguno le queda todavía la duda de que la rueda es un invento sobrevalorado, que vaya a un supermercado. ¿Qué pasa con las ruedas de los carritos? Tienen una ligera desviación. Muy ligera. Más o menos como la que tiene el Dioni en el ojo, que, si se le va un poco más, se le pasa la pupila del ojo izquierdo al derecho.

A los carritos de supermercado tendrían que ponerles ruedas de bici, porque la rueda de bici es de lo mejorcito que hay. Eso sí, costó llegar. Antiguamente las bicis no eran así. Me imagino a los inventores:

—Señores, vamos a inventar la bici antigua. Vamos a ver, ¿cómo hacemos?

—Pues podemos poner la rueda de delante y la de atrás del mismo tamaño, o podemos...

¿En qué cabeza cabe? Delante, una rueda de tractor adulto; y detrás, una rueda de coche de Scalextric. Eso no tiene razón de ser. ¿Os imagináis el Tour de Francia con esas bicis? Bajando el Alpe d'Huez. El público, en vez de darles la bolsita de avituallamiento con la comida para el descenso, tendría que tirarles lentejas con tirachinas.

Un ejemplo de que la rueda está sobrevalorada es lo que pasa con los camiones. ¡Venga ponerles ruedas! ¿Para qué? Si os fijáis, la mayoría de ellas ni tocan el suelo. La cosa se ha salido de madre. Ya todo tiene ruedas. Hasta a los santos les han puesto una rueda de bici en la cabeza.

Las ruedas no valen para todo. Por ejemplo, papás amigos del bricolaje, un neumático viejo no sirve para hacer un columpio. ¿No se da usted cuenta, señor papá amigo del bricolaje, que cada vez que sube al hijo ahí el niño llora? No falla. Un niño en un columpio de rueda siempre llora. ¿Por qué? Porque no es cómodo, es una sensación rara... Si ha llovido, está mojado... Es como estar sentado en un váter, pero sin tocar el suelo con los pies. Y eso da mucho miedo porque te puedes colar.

Pero ¡qué vamos a hacer! Las ruedas son como una montaña rusa. No se puede vivir sin ellas, pero con ellas tampoco.

Las antenas

Pinchos de hondo sentir, muy sensibles a las ondas

Hay unos pequeños seres a los que no tratamos con el cariño que se merecen: las antenas de las radios. Como no las tratamos adecuadamente, hay veces que se enfurruñan y, de resultas, la radio deja de oírse.

Suele pasar cuando hay algo que te interesa oír: «Los científicos descubren una parte del cuerpo humano que en cuanto la pinchas con un alfiler todo el cuerpo se vuelve azul. Esa parte es... fissshh». Y deja de oírse.

La antena eso no lo hace a mala idea, lo hace por llamar la atención. Entonces la coges y empiezas a hacerle movimientos leves, giros, toquecillos, y la antena reacciona haciendo una cosa para volvernos locos: cuando la tocas, se oye bien, pero en cuanto la sueltas, no.

Te desesperas, mueves la radio, la sacas de la habitación, te subes a una silla, te cuelgas del tendedero, y al final, cuando ya se oye bien, escuchas: «Fissshh... y esto ha sido todo. Esperamos que disfruten volviendo azules a sus familiares y amigos. Muchas gracias por escucharnos».

Debido a esas torturas que les hacemos a las antenas, las pobres contraen algunas enfermedades. La más común es la flacidez antenil. Ocurre después de mover mucho la antena. El tornillo de abajo se afloja y ya no hay manera de ponerla de pie. Lo intentas, pero es imposible. La pones de pie y, ¡toc!, se baja, como si necesitase Viagra. La pobre antena te mira con su único ojo como diciendo: «Te juro que es la primera vez que me pasa».

Otra enfermedad típica de las antenas es la llamada «doblazón de la última varilla». Suele pasar cuando uno pliega la antena a lo bestia, sin cariño ni nada. Entonces, la última varilla, que es la más fina y endeble, ¡zup!, se dobla. Se queda como con una chepita. Es terrible para la antena, porque ya no se puede plegar por completo, se queda tullida para siempre.

Eso merma la autoestima de la antena y luego todo son complejos. Ve que la chepilla del último segmento es un horror, no se gusta, no puede plegarse del todo, lo intenta... Y llega el día en que se parte. Ésa es otra enfermedad muy triste de las antenas de las radios, y es grave: cercenamiento del último segmento. En teoría no tendría por qué ser algo grave, porque lo que se pierde es un trozo muy pequeño, y de la parte más fina..., pero ¿qué pasa? Que en ese pequeño trozo está el «pirindolito de agarrar».

El pirindolito de agarrar es como un Lacasito de metal que está al final de la antena y que sirve para estirarla. Sin él la antena tiene que estar siempre estirada. Porque por donde se parte la antena queda una cicatriz cortante y, si intentas plegar la antena empujando hacia abajo, se te clava en la mano. Y lo peor es que para sacarla hay que usar los dientes. Y la gente que escucha la SER tiene dientes, pero ¿qué hacen los que escuchan la COPE?

La radio de antena partida se pone triste y ya no vuelve a oírse bien. Se oye fissshh... como la radio de conductor de autobús urbano, que la lleva colgada de una correíta, con la antena estirada y partida, y que no se entiende nada.

Lo que tampoco se entiende es que no ponga la radio del autobús.

Tal vez sea porque se la han robado. Ahora hay una moda que es robar las antenas de los coches. No entiendo por qué pasa. Si cada coche viene con su antena, ¿para qué necesitas otra? Pasa lo mismo con los sillines de las bicis, que también los roban. Si cada bici trae el suyo, ¿no? En el mundo hay tantos sillines como bicis... No hacen falta más.

Pero un día un intelectual se dijo: «Voy a robar la antena de un coche». Y se jodió la cosa, porque al que se la robaron tuvo que robársela a otro, ése a otro, ése otro a otro... Y está todo el mundo cambiándose las antenas porque hay un gilipollas que tiene una en casa dentro de un cajón y hace que el sistema esté incompleto.

Y para que todo vuelva al equilibrio lo que tiene que pasar es demasiada coincidencia: que le roben la antena a ese tío que tiene una dentro de un cajón. Porque ese tío coge la que tiene de sobra, la enrosca en el techo de su coche y se soluciona el problema, mágicamente y para siempre.

Las lucecitas

Fiestas de fotones

Ahora venden unas cosas llamadas «carcasas» que son como vestiditos para los teléfonos móviles. Y se han puesto de moda unas carcasas transparentes, que a mí me parecen indignas, porque al móvil se le ve todo, como si estuviera participando en un concurso de Miss Camiseta Mojada. Y se ponen de moda porque, cuando suena el móvil, se llenan de lucecitas y parece que en vez de a un móvil te están llamando al Gusiluz.

A la gente le chiflan las lucecitas. No sé qué mecanismo tenemos en el cerebro, pero, en cuanto vemos algo que tiene luz, nos parece especial.

Yo lo descubrí de pequeño, cuando me regalaron un reloj Casio, water resistant cincuenta metros, con luz. Cada vez que tenía que ir al cuarto de baño pasaba de encender la luz. Decía: «No la necesito, tengo mi propia luz». Y me pasaba quince minutos sentado en el váter mirando la hora que era. Y mi madre me decía:

—¡Sal ya!, ¡que llevas ahí media hora...!

—¡No, mamá, llevo catorce minutos y treinta y nueve segundos!

Ahí empieza una obsesión por las lucecitas que luego se va agravando, sobre todo en los hombres. No hay hombre que no posea una linterna, aunque no tenga sótano. Cuando tienes tu primer coche, lo primero que te compras es una linterna. Y te vas a mitad del campo a probarla. Enciendes un haz de luz que llega hasta el cielo y te pones a hacer como si fuera la espada de *La guerra de las galaxias*. El hombre que no haya hecho esto alguna vez no es hombre.

Por eso, cuando quieren que nos fijemos en algo, ¿qué hacen? Le ponen una luz: un semáforo, una farmacia, un puticlub...

Y por eso hemos inventado una época del año, la Navidad, cuyo único fin es llenar todo de lucecitas. Lucecitas en las calles, en las gasolineras, en los quirófanos... Todo Cristo lleva lucecitas. Y como montes un belén, Jerusalén parece Manhattan, con los puentes iluminados. El pesebre parece el bar de *Abierto hasta el amanecer* y el castillo de Herodes parece un casino de Las Vegas. Hasta los Reyes Magos llevan luz de freno en los camellos, que parece que en vez de un camello conducen un Maseratti.

La Humanidad evoluciona hacia un mundo lleno de lucecitas. Un equipo de música se sabe que es bueno si tiene muchas lucecitas. Mi padre se acaba de comprar uno que parece una máquina tragaperras. No sé si se lo ha comprado para escuchar música o para leer de noche.

Y poco a poco las luces nos van invadiendo. Las teles ya no se apagan del todo, les queda una lucecita. Debe de ser para que los hombres estemos tranquilos; podemos levantarnos en mitad de la noche, mirar: «¿Está ahí mi tele? Estupendo», y seguir durmiendo.

Si creemos que los extraterrestres son superiores es porque sus naves están llenas de lucecitas. Si vinieran con un cohete de los nuestros, no les haríamos ni caso. Nosotros somos la vergüenza del espacio, llevamos unos cohetes que tienen menos luces que una infanta. Nos ven y se ríen de nosotros.

La gente piensa que el ser superior a todos los seres que han pisado la Tierra es E. T., porque ya traía la linterna de fábrica. ¿Y para qué le vale? ¿Para trabajar de acomodador? Y sólo en la Tierra, porque en el país de los E. T. la tienen todos. ¿Os imagináis lo difícil que tiene que ser ir al cine en el planeta de los E. T., todo el mundo con los dedos brillando y los corazones dando luz roja? Como no pongan una peli porno para ambientar...

Hay luces que no nos caen bien. Por ejemplo, la que está dentro del coche, al lado del espejo retrovisor. Algo tiene esa luz, que lo peor que puedes hacer cuando alguien va conduciendo es encenderla.

—¡Dios, tú estás loco! ¡No ves que eso no se puede hacer, que si se enciende una luz dentro del coche el conductor no ve nada!

—Y entonces, ¿E. T. cómo conduce?

La única vez en nuestra vida que las cosas tienen sentido es también delante de una luz, cuando nos morimos. Hablo de oídas, pero dicen que cuando uno se muere ve una luz al fondo. Menos mal, sería terrible que estuviera todo oscuro y te fueras dando con los santos y con todo, y que, de repente, apareciera alguien y te dijera:

—Hola, soy san Pedro.

—Pues porque lo dice usted, porque así, con tan pocas luces, podría ser la infanta.

Las cajas fuertes

¿Se guardan los ríos en cajas de caudales?

No se acaban de entender las cajas fuertes. Es como decir a los ladrones: «Aquí, aquí es donde está lo que estáis buscando. Os va a costar abrirla pero todo lo que hay aquí dentro vale la pena».

Además, una caja fuerte buena cuesta una burrada. Son carísimas... Hay que tener mucho dinero. Hay un momento en el que uno es rico, pero si se compra la caja fuerte deja de serlo. Y se dan casos de gente que tiene una caja fuerte, pero no tienen nada que guardar en ella. Las cajas fuertes llenas de dinero son un lujo que sólo se las pueden permitir los muy ricos.

Las cajas fuertes buenas son tan valiosas que si te la rompen te hacen una faena.

—Oye, que han entrado a robar y se han llevado las joyas, el dinero y la colección de relojes de oro.

—Bueno, pero ¿le ha pasado algo a la caja fuerte?

Lo peor es cuando uno se mete en la espiral terrible de la caja fuerte. Este fenómeno se da cuando uno se compra una caja fuerte tan cara que la tiene que guardar dentro de otra caja fuerte... y, claro, como ésa es más grande, es aún más cara, y compra otra mayor, y otra, y otra... y al final uno explota.

Si pierdes la llave de una caja fuerte, ¿a quién hay que llamar? ¿A un cerrajero o a un médico? Porque en todas las películas se ve que cuando los malos quieren abrir una caja fuerte utilizan un fonendoscopio.

De hecho, creo que el fonendoscopio no es para auscultar personas. Pensadlo bien: una cosa tan fría no puede estar pensada para ponerla en la espalda de una persona de salud débil. Va la persona sana al médico, le pone el fonendo y se acatarra.

Existe la teoría de que las ruedecillas que tienen las cajas fuertes no son ruedecillas, son los pezoncillos de la caja, que se le han puesto tiesos de lo frío que está el fonendo.

Está demostrado que la auténtica finalidad del fonendo es que los malos abran cajas fuertes. Y como se oye bien a través de los fonendos, algunos médicos los usan para auscultar. No se explica que la policía no use esa información para cazar a los cacos. Es cuestión de estar en la puerta de las tiendas de fonendoscopios, preguntar a los clientes si son médicos y el que diga que no al trullo.

Y si las cajas fuertes caras tienen poca utilidad, imaginaos qué sentido tendrán las baratas. Por ejemplo, las de los hoteles. ¿Alguien ha usado alguna vez la caja fuerte del hotel? ¡Si no se puede cerrar! Es más seguro guardar las cosas dentro del minibar que eso sí que no lo abre nadie.

He estado en un motel de carretera podrido compartiendo toalla con seis habitaciones más ¡y la habitación tenía caja fuerte! Vamos a ver, si yo tuviera algo de valor... ¡no estaría en este motel!

Sean caras o baratas, las cajas fuertes son tan absurdas que sólo sirven para una cosa: para la última viñeta de los tebeos de *Mortadelo y Filemón*. Siempre terminan con Filemón tirándole una caja fuerte a la cabeza a Mortadelo. Eso sí que es un uso digno de la caja fuerte y eso sí que es un punto final. Y para puntos finales, éste.

Los buzones

Parrilla de salida y línea de llegada de paquetes postales, cartas postales y postales postales

Unos de los seres más desengañados y escépticos de nuestra era son los buzones. Mirad qué cara tienen. ¿Están sonrientes? No. ¿Están tristes? Tampoco. ¿Por qué? Porque les da todo igual, su mundo no tiene sentido.

En teoría, los buzones son para meter sobres dentro, ¿no? Pues ¿por qué hacen sobres más grandes que la mayoría de los buzones? Es que yo me indigno. Y los buzones ya pasan de todo.

El otro día voy a Correos, que es como un buzón gigante con gente dentro, llevo una carta y me dicen:

—Esta carta pesa mucho, tienes que ponerle más sellos.

—Señorita... ¿no se da cuenta de que si le pongo más sellos no va a pesar menos?

Nada tiene sentido. El buzón con menos sentido es el buzón de sugerencias. Nadie lo usa. ¿Qué vas a poner? Una vez usé uno. Metí un papel: «Sugiero que quiten el buzón de sugerencias».

Hay un buzón peor, esa especie de buzón misterioso que hay por las calles, verde, sin ranura, que pone «uso exclusivo de carteros». Si es exclusivo del cartero, ¡no lo pongas! Es que parece que lo hacen para ponerte los dientes largos: «Este buzón sólo lo podemos usar nosotros». ¡Qué pena que al lado no tenga un buzón de sugerencias!

Históricamente los buzones se pueden dividir en dos tipos: buzones de los de echar cosas y buzones de los que te echan cosas a ti.

Los buzones setenteros que hay en los portales son como nichos de aluminio pegados a la pared. Tienen un plastiquito tras el cual pones tu nombre. Esto es odioso cuando eres pequeño y en el buzón no pone tu nombre, sólo el de tus padres, ¡y te da una rabia! ¿Qué pasa, que yo no vivo aquí?

La manera de poner el nombre en el buzón dice mucho de las personas que viven en la casa. Por ejemplo, una plaquita grabada: familia propietaria. Graban para siempre sus nombres: «Vamos a vivir aquí siempre y moriremos aquí».

Luego está la etiqueta adhesiva, pegada, despegada, vuelta a pegar. Con tres o cuatro nombres escritos a boli que no guardan relación entre sí: «Braulio Sánchez Sánchez», «Martín María Dorrego», «Azucena de las Torres Bermejas», y luego uno tachado y puesto encima: «Friëderich Merklen Mônagan». Parece el reparto de *Perdidos*.

También están los buzones de chalé adosado que son como el mismo chalé, pero en pequeño. Son como un reloj de cuco y parece que las cartas las va a traer una paloma mensajera. Tienen su tejadito, su ventanita, sólo les faltaría tener otro buzón pequeñito en la puerta.

Todos los buzones del mundo tiene una cosa en común: la llave. El problema de esta llave es que es pequeña y, claro, nadie la respeta. La gente dice: «Bah, no necesito la llave. Puedo coger las cartas sin abrirlo. Mis dedos caben por la ranura». Y la mano, entrar, entra, pero salir... Eso ya es otra historia. A mí me fascinan dos cosas. La primera, que al buzón no le dé la risa. La segunda, que al buzón no le den arcadas, porque le metemos los dedos hasta el esófago.

Intentas coger las cartas y se te queda la mano atrapada. Aquí lo lógico sería soltar las cartas, pero no. Cuando una mano coge una carta, ya no la puede soltar. Y el buzón se queda con tu mano. Y la tienes que sacar pronto porque como llegue el cartero te la manda por correo. ¿Qué hacemos? Pues sacar la mano sin soltar la carta. ¿A costa de qué? De desgarrar las cartas y pelarse los nudillos. La mente perversa que diseñó los buzones dijo: «Voy a ponerles filo, los haré afilados como un bisturí». Así que, por no usar las llaves, nos pelamos los nudillos. Un nudillo pelado es muy molesto, es como si tuvieras frío en los huesos. Encima, tu sangre gotea en las cartas, y puede ser que te manden unos papeles que luego tengas que llevar al Ayuntamiento, o a Hacienda, o a la Policía, y no mola entrar en una comisaría con las cartas salpicadas de sangre.

Otro problema es que hay cosas que no se sabe muy bien si son buzones o no. Por ejemplo, las urnas electorales, que son iguales que el buzón de los Reyes Magos: una caja con ranura, que se pone en unas fechas muy concretas, donde tú metes un papel en el que dice lo que quieres que te traigan, y a veces te lo traen y a veces no. Por cierto, ¿dónde se guardan las urnas electorales el resto del año? En mi cole las usábamos de terrarios para clase de Ciencias y dábamos de comer a los grillos por la ranura.

Luego están los buzones de echar cartas, los amarillos. Ahora la gente casi no escribe cartas y los buzones empiezan a tener serios problemas de úlceras. ¿Quién escribe ahora? Algún secuestrador, algún asesino en serie... Poca gente. Ahora todo va por Internet. Antes un buzón comía mil cartas al día. Ahora apenas tres. Esas tres le caen con el estómago vacío, hacen «toc». Y les sientan fatal. Al principio las cartas caían sobre mullidito, porque había muchas. Pero ahora las cartas caen sobre duro y el buzón sufre. Es como tragarte un pedal de bicicleta con el estómago vacío: te sienta mal. De hecho, la mayoría de los buzones tienen una úlcera que cada vez les duele más y que acaba matándolos poco a poco. Por eso los buzones tienen esa cara de señor con úlcera.

El suelo

Cuando no se puede caer más bajo..., ahí está él

Toda nuestra civilización se apoya en un ser al que miramos por encima del hombro: el suelo.

Antes de que se inventara el suelo la vida era muy incómoda, todo el rato cayendo: «¡Aaaaaaaaaaaah!». No pasaba nada malo porque no caías en ningún sitio. De hecho tenía sus ventajas. En caída libre, por ejemplo, no hay olor a pies. Pero tenía sus inconvenientes; por ejemplo, al ponerte las lentillas se volaban para arriba. Entonces dijo uno: mira, ya está bien de estar cayendo siempre, ¿por qué no inventamos el suelo? Y se dieron una hostia... No quedó ni uno vivo.

Se extinguió la vida en la Tierra y la siguiente vez que Dios inventó al hombre ya lo hizo con los pies en el suelo. Pero despreciamos el suelo, porque de pequeños nos enseñan a odiarlo. Nos pasamos el día gateando, jugando en el suelo, cogiendo cosas del suelo y comiéndonoslas, y, claro, nuestros mayores se celan, y nos dicen:

—Niño, las cosas del suelo son caca.

—Pues, papá, perdona que te diga, pero tú estás en el suelo.

Al final te acaban convenciendo y terminamos llevándonos mal con el suelo. Uno de los suelos peor tratados de nuestro planeta es el que hay debajo de los columpios. Aquí tengo una pregunta... ¿Por qué los mayores construyen los columpios siempre encima de un charco? O un charco o un hoyo, pero agujeros de una profundidad que te asomas y ves el magma. De hecho, si el agujero es tan profundo que atraviesa el planeta, al otro lado aprovechan y construyen otros columpios encima del agujero. Por eso las plazas con columpios son simétricas al eje de la Tierra: para poder aprovechar el hoyo. En los columpios de mi plaza había un agujero tan profundo que, si te asomabas, veías las bragas de una niña australiana que se estaba columpiando.

Uno crece, empieza a ir a las discotecas y el tema del suelo es todavía peor. ¿De dónde sale ese líquido negro que hay en los suelos de las discotecas? Ese engrudo pegajoso que cuando vas caminando hace «chuic, chuic, chuic». Es como caminar por la nave de *Alien*. Se te manchan todos los bajos de los pantalones de una pasta pegajosa negra que no hay quien la quite. Una vez fui con pantalón corto, se me pegó esa pasta a las pantorrillas, y al quitármela me quedaron las piernas depiladas.

La cuestión es que siempre estamos pisando el suelo y, claro, el suelo se venga en cuanto puede. Sobre todo, cuando intentamos comprarnos un piso.

—¡El piso cuesta diez mil euros el metro cuadrado...!

—Es que el suelo en Madrid está muy caro.

Pues si el suelo cuesta eso..., imaginaos el techo. Es un chiste barato, pero eficaz. Podría decir también que el suelo es un techo, porque en una casa de pisos el suelo y el techo son las dos caras de una misma moneda.

Una vez que pagas el suelo, tienes que elegir entre parqué, tarima flotante, baldosa, baldosín... ¿Por qué nos complicamos poniendo estas cosas? El parqué, ¿para qué? Se raya. Luego hay que acuchillarlo. Que ya tiene que estar mal una cosa para que la forma de arreglarla sea acuchillándola.

Todos sabemos cuál es el mejor suelo del mundo: el suelo de acera de la calle. Ahí ya puede caminar Romay con tacones de aguja que no le pasa nada. Pones suelo de acera en tu casa y no hay que acuchillarlo jamás. Sólo tiene un problema: como se entere Gallardón te levanta el suelo de casa y te hace una zanja.

Una duda: si en la Embajada de Polonia ponen suelo de acera, ¿Gallardón tiene allí jurisdicción? Porque las embajadas ya sabemos cómo son: «Está usted en la Embajada de Estados Unidos, ahora mismo está usted pisando suelo americano». Ohhh... perdone... Pues en mi casa tengo parqué de Ikea y te sientes como en la Embajada sueca... «Ahora mismo estoy pisando suelo de Suecia.»

Gracias a Dios, al final nos reconciliamos con el suelo. De pequeños gateamos, jugamos..., luego lo odiamos..., pero cuando morimos... no nos queda otra que reconciliarnos con el suelo. Porque hay que volver a él. A no ser que pidas que dejen tu cuerpo en una canasta de baloncesto o en el Pirulí de Torrespaña, uno tiene que volver al suelo. La vida es suelo... y los suelos, suelos son.

Cosas del ocio

Los artículos de broma

Por mucho que se gasten... nunca se acaban

Existen unos pequeños seres responsables del humor, la jacaranda, la mojiganga, la algarabía y la zumba de este país: los artículos de broma del chinito, como, por ejemplo, el «Escarabajo Pum». «Escarabajo Pum»... ¿Se puede decir más con menos?

El chinito es el símbolo inequívoco de que la risa está garantizada. Si investigáis un poco y leéis la caja, veréis que el chinito vive en la avenida de Pau Casals, nº 125, L'Hospitalet (Barcelona). Así que el chino tiene de chino lo que yo de culturista. Es una broma que nos gasta.

Siempre me he preguntado de dónde viene la expresión «gastar una broma». ¿Qué es eso de «gastar una broma»? ¿Hay alguien que lleva la cuenta? «Ha gastado usted ya tres bromas... Le quedan seis.»

Afortunadamente las bromas del chinito nunca se acaban: las patatas fritas de plástico, los polvos de «achís», los chicles que te pillan los dedos, las bombas fétidas... La bomba fétida es una broma mal pensada, porque el que la tira, si quiere ver el resultado de su broma, tiene que quedarse a olerla. Claro que al bromista profesional eso le da igual. Está enganchado.

De hecho, cuando uno llega con una bomba fétida, es como si llegara con droga.

—Oye, mira lo que tengo...

—¡Buah, tío, una bomba fétida!

—Calla, tío, que nos van a pillar... Que esto es una bomba fétida. Por esto me pueden caer tres años en el talego.

Es importante lo que pone en la caja de las bombas fétidas: «Advertencia: no ingerir». Muy interesante, porque ante ese olor lo más lógico es que te entren ganas de comértela. De siempre es sabido que el olor a bomba fétida abre el apetito.

Y al lado pone: «Bombas fétidas... Nueva fórmula». Eso nos hace pensar... Detrás de esta nueva fórmula tiene que haber un químico, un tío con bata blanca que, al terminar su carrera de seis años, dijo: «Algunos de mis compañeros investigarán la vacuna del sida, otros buscarán un remedio contra el cáncer... Pero yo no. Yo voy a dedicar mi vida a buscar una nueva fórmula para que las bombas fétidas huelan peor». Vamos a ver, ¿las de antes no olían suficientemente mal? ¿A ese científico le gustaba cómo olían las de antes? Seguramente por tipos como ése han tenido que poner el cartel de «No ingerir».

Por cierto..., ¿las bombas fétidas caducan? ¿Qué pasa si una bomba fétida se pudre? ¿Se convierte en perfume? Las bromas no tienen fecha de caducidad. En los chicles normales pone «Chicle Trex, fecha de caducidad: abril de 2007». Pero los chicles de broma no tienen fecha. Cada día que pasa la broma se revaloriza, porque los chicles van sabiendo peor, y eso incrementa su gracia.

De hecho, todas las bromas del chinito deben de ser del año 79. Fijaos en los diseños... En la caja del Levantaplatos sale una familia comiendo con su mantel de cuadros, el sifón, los platos con guisantes..., parecen los Alcántara de *Cuéntame*. El Levantaplatos tiene un problema de diseño. Levanta el plato, sí, pero levanta también todo el mantel dejando un carrilito hasta ti que te delata como culpable.

El chinito, sin lugar a duda, es el sello que garantiza la risa a mansalva. El problema es que el chino es delator. Te ofrezco un caramelo, ves la cara del chinito y no te fías. Dices «Huy, ya está aquí el chino de Hospitalet...».

Lo cierto es que normalmente nos pillan mucho antes. Cuando vamos a hacer una broma, ¡nadie sabe comportarse con naturalidad! ¡Nadie! A todo el mundo se le nota. Puede que todos tus compañeros sepan que te van a echar del curro..., ¡y tú no sospechas nada jamás! Pero si un día alguien lleva al trabajo unos cigarrillos que explotan al encenderlos..., se lo notas a todos en la cara. Entras y te están mirando todos fijamente:

—Toma, ¿quieres un pitillo?

—Pero si yo no fumo...

—Bueno..., nunca es tarde para empezar.

Te ponen los cigarrillos cerca. Si te mueves, los mueven y te los vuelven a poner cerca. Nadie sabe disimular. Al final te mosqueas...

—Un momento... Aquí pasa algo raro...

—No, hombre, no es nada... Sólo que te van a echar... Venga, fúmate un cigarrillo para relajarte.

Lo que tiene que ser una locura es trabajar en la fábrica del chinito. Allí entras y, si no te están mirando todos fijamente, eso es que te van a echar. Imaginaos lo que tiene que ser... Firmar los contratos con tinta invisible...

—¡Cómo que me van a echar! Según mi contrato...

—¿Contrato? ¿Qué contrato?

O la máquina de café de la fábrica. Un día, azúcar mosca; otro día, azúcar lombriz; otro día, azúcar sorpresa...

Imagino que tendrán que probar las bromas en algún sitio. ¿Cómo será ser piloto de pruebas de la fábrica del chinito?

—Huela usted esta flor.

—Es que todavía tengo la nariz acatarrada por los polvos de estornudar.

—Huélala he dicho.

Me pregunto qué harán en la fábrica el Día de los Inocentes..., aparte de frotarse las manos. Les recomiendo cambiar y ese día no gastar bromas, porque, si de verdad se gastan, a ésos ya les tienen que quedar pocas.

Los deportes que no son deportes

Como el senderismo, que no está a la altura del montañismo

El otro día entro en una tienda de deportes ¡y encuentro unos dardos! ¡Dardos en una tienda de deportes! ¿Para qué? ¿Para que Ronaldo se hurgue los dientes después de comer?

Esto nos lleva al problema de los deportes que no son deportes. Los dardos no son un deporte. Te pongas como te pongas, lanzar un pincho no puede ser un deporte.

Lanzar una jabalina, sí. Porque es un pincho que pesa y se suda, y luego hay que ducharse. Un deporte hace que las mujeres huelan a hombre y los hombres a sumidero nepalí. ¡Esos sí que son deportes como Dios manda! ¿A qué huelen los vestuarios de los lanzadores de dardos? De esto se obtiene la primera norma para catalogar los deportes: *si no hay ducha después, no es deporte*. Así que el ajedrez no es un deporte y la lucha libre femenina en el barro, sí.

El ajedrez no es un deporte por más razones. ¿En qué deporte se ha visto que uno se pase toda la partida comiendo? ¿No ves que se te puede cortar la digestión?

La primera regla se puede formular de otra forma: *si no se suda, no es deporte*. Esto me genera una duda: ¿en la natación se suda? Es imposible saberlo. Habría que medir el nivel de agua de la piscina antes de la carrera y luego volver a medirlo para ver si está más llena. De lo que se obtiene:

a) Si la piscina está al mismo nivel que al principio, no se suda, luego hay que prohibir la natación, porque no es un deporte y no se puede engañar a la gente.

b) Si la piscina está más llena, eso quiere decir que sí se suda..., y si lo pensáis..., hay que prohibirlo también, porque gente desnuda nadando en sudor no es un deporte, es una marranada.

Además, cae de cajón: nadar es mantenerse a flote. Eso no es un deporte, eso es instinto de supervivencia. Ésa es la segunda regla: *si se trata de instinto de supervivencia, no es deporte*. Por ejemplo, la caza. ¿La caza es un deporte? Para el conejo sí. O la pesca. ¿La pesca es deporte? Si sentarse con una caña en la mano es un deporte... hay que mandar a Enrique San Francisco a los Juegos Olímpicos.

Existe el rumor de que la vela es un deporte. Pues no. La vela es una manera de ir de un sitio a otro. De aquí que la tercera regla sea: *los medios de locomoción no son deportes*. Porque entonces coger el metro también sería un deporte, y con más motivo, porque allí se suda y huele a tigre. ¿A qué huelen las regatas? A Azur de Puig. Eso no es un deporte, es una mariconada.

El mayor inconveniente de los deportes que no son deportes es que uno no puede hacerse daño. Y ésa es la cuarta regla: *si no te puedes lesionar, no es un deporte*.

De lo anterior se desprende la quinta regla: *si se juega en una mesa, no es deporte*. Lo siento por vosotros, pero el bridge no es un deporte, ni el mus, ni la canasta... Bueno, la canasta, si se juega en un polideportivo, sí. Pero si se juega en una mesa, no.

Tampoco es deporte el billar. Y ya sé que si el ping-pong es tenis de mesa, el billar es golf de mesa, pero no importa; mientras haya mesa, no vale.

Me cuesta creer que el golf sea un deporte. Si le quitas los cochecitos eléctricos, los chicos con gorra que te llevan el carrito con los palos y esas ropas horribles, a lo mejor lo doy por válido... Las ropas de golf son un poco exageradas, ¿no? ¿De verdad que son necesarios todos esos clavos en una bota? Si Beckham con unos que no son ni la mitad mete unos goles como panes. Y los pinchos en el fútbol los entiendo, pero ¿en el golf? Si no tienes que dar patadas a nadie...

Lo más clarificador sobre los deportes que no lo son es comprobar si los retransmite Eurosport. En ese canal uno se encuentra cosas como coches que frenan con paracaídas, camiones que aplastan coches y echan fuego por la boca, un señor que tira una tartera que resbala y otros señores se ponen delante y van barriendo... Y aquí está la sexta norma. Tened por seguro que *si lo retransmite Eurosport, no es deporte*.

Las maletas

Armarios roperos portátiles

Exigimos mucho a las maletas. No hay más que echar un vistazo a los maleteros de los coches, hemos perdido la cabeza. ¿Cuánto maletero necesita un hombre? ¡Todo! Llevamos maleteros que parecen armarios empotrados, podríamos llevar un cadáver dentro. Eso estaría muy bien para poder ir por el carril BUS-VAO. Te para la poli:

—Oiga, está cometiendo una infracción, ¿no sabe que este carril es sólo para vehículos con dos ocupantes o más?

—¿Infracción? De eso nada, mire el maletero.

Pero ¿cuánto espacio necesita un ser humano en una maleta? Todo. Sea como sea de grande una maleta, la llenas. Ya puedes llevar una maleta del tamaño de un quiosco, que la llenas.

Uno empieza a meter cosas y no puede parar: un libro, otros zapatos, otro pijama... Aunque vayas a dormir fuera sólo una noche. Y luego tienes que abrochar esos tirantes que tienen las maletas que no sujetan nada. ¿De quién ha sido la idea de poner esos tirantes hechos de goma flácida, como de chicle? ¡Que no abrochan! Unos ganchos con forma de U. Imaginaos que los cinturones de seguridad de la montaña rusa fueran así: los parques de atracciones estarían llenos de personas esparcidas.

Finalmente consigues cerrar la maleta. ¿Cuánto tiempo necesita una persona para hacer una maleta? Pues exactamente el tiempo que tenga para hacerla. Si tienes un mes, abres la maleta en el suelo del salón y poco a poco lo vas metiendo todo, neceser en bolsa de plástico, calcetines en bolas, tiritas... Pero si tienes quince minutos, porque un día te llaman y te dicen, «Oye, que te sale el tren dentro de quince minutos», coges la maleta y la haces en quince minutos. Y metes exactamente lo mismo, no tan dobladito, pero lo mismo.

En ambos casos te olvidas una toalla y el cargador del móvil. Y si vas a un hotel, desodorante. Hombres y mujeres hacemos maletas con el mismo contenido, pero las deshacemos de forma distinta. Las mujeres llegan, abren la maleta y lo colocan todo en los armarios del hotel. Los hombres, no. Nosotros abrimos la maleta y somos más de ir picando. Vamos sacando ropa limpia y metiendo ropa sucia, a lo que una mujer podría decir: «Pero existe el riesgo de que un día te equivoques y te pongas otra vez unos calcetines sucios». Y el hombre contesta: «Ya. ¿Y qué? Puedo vivir con ese riesgo».

El peor momento con una maleta es cuando la dejas en la cinta del aeropuerto. Te da una pena... Ella te mira, como diciendo: «No me dejes». Y luego sale chafada, sucia, con cara de estar pensando «Me han sodomizado».

De hecho, hay maletas rechazadas, que se quedan en la cinta dando vueltas. Esa bolsa de deportes marca Karhu que te mira desde la cinta diciendo... «Lléveme con usted, por favor». En ese momento piensas: «Cómo está Iberia que a esta pobre maleta le han perdido el viajero».

Las cositas de los hoteles

Esperan ser robadas

Existen unos pequeños seres tremendamente nimios y brutalmente insignificantes que moran en los hoteles. Son los jaboncillos, champucitos, peinecitos, calzadorcitos, caramelitos y esponjitas limpiadoras de zapatos... Esos objetos están en el hotel para cubrir una de las necesidades primordiales del hombre. ¿La higiene? No. Robar.

La gente va a los hoteles a dos cosas: a dormir y a robar. Y los hoteles lo saben, por eso juegan con una doble moral: «Buenas tardes, señor Micifú. Usted es un elegante señor de negocios que viene a nuestro hotel a descansar... y a robar. Por lo tanto, pase usted y disfrute de esta lujosísima habitación donde los cuadros están atornillados a la pared».

Los jaboncillos, los caramelillos, los gelecillos... Todo eso es para matar el gusanillo del robo. Por ejemplo, un calzador. Eso es absurdo. ¿Para qué te ponen un calzador? Es como si te ponen un abreostras. No lo usas en casa, lo vas a usar en el hotel. ¿Por qué está ahí? Lo ponen para que lo robes. Si no, la gente se llevaría el gotelé de las paredes, los muros de carga, los cristales de las ventanas...

Yo tenía un amigo que siempre reservaba una habitación doble y, cuando le preguntaban: «¿Camas separadas o de matrimonio?», él decía: «Mejor camas separadas... Son más fáciles de llevar».

Te ponen un peinecillo blanco que no peina. Hay de dos tipos, el que no peina pero que tiene unas púas tan afiladas que te haces la raya y se te ve el cerebro, y el que te peinas y se le caen las púas. Ése da mucha pena, es el único peine del mundo que se queda calvo. Si ese peine tuviera un hijo con el otro, nacería el peine perfecto. Pero, bueno, da igual, robas el que te toque.

Otra cosa que ponen los hoteles para que robemos es los caramelillos. Yo aquí me indigno: ¿de quién ha sido la idea de poner un papel opaco que impide predecir el sabor del caramelo? Están todos los caramelos en una especie de pecera y sólo puedes pensar: «Si están en una pecera, serán de atún». Lo único que pone en el papel es: «Hotel Torre del Oro», tres estrellas. Vale que tengan que poner el nombre del hotel, pero que al menos den una pista del sabor del caramelo, ¿no? «Hotel Torre del Oro. Oro parece, plata no es, el que no lo adivine...»

Esperas a que la recepcionista se dé la vuelta, metes la mano en la pecera y robas un puñado... Es la única manera de que te toque alguno de fresa. Subes a la habitación, te metes en el cuarto de baño y hay una cesta, que es como un nidito de pájaro, con todos los jaboncillos «pío, pío, pío» que te miran como pollitos. Te dan ganas de darles un caramelo.

Allí está el jaboncillo minúsculo que parece envuelto para regalo. Lo abres y además de enano es negro. Debe de ser el jabón de los pigmeos. Un pigmeo lo coge y se lava las manos a gusto, pero a una persona común eso le sabe a poco. Yo me pregunto: ¿cómo serán los jaboncillos de hotel en los hoteles de los poblados pigmeos? Porque más pequeños no pueden ser. Lo inmediatamente anterior ya es un Lacasito de jabón.

Otra cosa típica es la esponjita para limpiar los zapatos. Esa esponjita la aprietas y sale espuma: ¡está mojada! ¿Quién se ha duchado con esto? ¡¡¡El pigmeo!!! Posiblemente la esponjilla de los zapatos es la única cosa con la que te puedes lavar. Del gel ni hablemos. El gel está hecho a mala idea: un tapón redondo con forma de bola. Muy bonito, pero cuando estás mojado es imposible abrirlo: se resbala. Imagina que lo abres. No te des por duchado, amigo. Las botellitas están hechas de un plastiquillo duro. Lo aprietas para que salga el gel y cuando lo sueltas recupera su posición original y se vuelve a beber el gel. No te da ni una gota. La única manera es chupar del tubo y escupirte en las manos. Pero ¿de cuál chupas? ¿Del gel o del champú? Porque, si te enjabonas las manos con el resbaloso gel, olvídate de abrir el champú...

Me dije: «Si tengo que succionar de una botellita a morro..., hay que sorber de lo menos venenoso». Entonces leí los ingredientes y ¿cuál creéis que es menos tóxico, el gel o el champú? ¡¡¡Son iguales!!! Están hechos de lo mismo, fijaos en el olor. La única diferencia es que en uno pone «Gel» y en el otro pone «Champú». Total, qué más da. ¡Si no es para ducharse, si es para que lo robes!

En el set de afeitado la cuchilla de afeitar rasca. Los hoteles son el único lugar de la Tierra donde las cuchillas de afeitar tienen dientes de sierra. Porque no son para usar, son para robar. Como el set dental. Eso te lo venden en un Todo a Cien y protestas. Viene con un cepillo que consigue que, después de cepillarte, te salga pelo en los dientes. Cuando el peinecillo blanco se me queda calvo, le doy con el cepillo de dientes a ver si le vuelve a salir el pelo.

Pues la gente se los lleva. ¿Es que en sus casas no tienen cepillos de dientes? ¿Se gastan el dinero en hoteles de cinco estrellas y no tienen cepillos en casa? En los hoteles de más lujo te ponen un minicosturero. ¿Qué cliente andrajoso y zarrapastroso llega a esos hoteles de cinco estrellas y se tiene que poner a coser su ropa?

En las películas se ve que en los hoteles americanos te ponen en la habitación una Biblia. La gente se la lleva y, cuando llega a casa y lee: «no robarás», se les cae la cara de vergüenza.

Sólo hay un artículo de peor calidad: las zapatillas de papel. ¡De papel! ¿Tan sucio va a estar el suelo? ¿No son demasiado cutres? Es que si quisieran hacerlas más baratas serían fotocopias. Pues la gente se las lleva también.

Pero..., ¿qué cosas se pueden robar y qué cosas no? ¿Hay alguna ley que lo deje claro? Sí. Cada vez que vayáis a un hotel recordad la única norma: todo lo que no esté atornillado al hotel se puede robar. Por ejemplo, el váter, no..., pero la escobilla, sí.

Para mí la escobilla de los hoteles es una de las mayores paradojas que existen. ¿Es de buena educación poner escobilla en los hoteles de superlujo? Lo lógico sería que un hotel lujoso estuviera bien equipado y tuviese una escobilla en cada cuarto de baño... Pero, por otro lado, lo lógico sería que no la hubiera. No va andar el duque de Medina Sidonia raspando las zurraspas.

Pues sí las rasparía, porque en un hotel te apetece usarlo todo. Y si no puedes, es frustrante. Hay un librito en el que viene todo lo que tiene el hotel. Te lo lees y dices: «No me va a dar tiempo a usarlo todo». Y es que cualquier cliente de hotel tiene una meta: no salir rentable. La cosa ya no es amortizar, es reducir los márgenes de ganancia del hotel. Hay quien enciende todas las luces, la tele, la calefacción y el aire acondicionado a la vez... y se va diciendo: «Yo he pagado mucho, sí, pero a ellos les he costado mucho más».

Y ésa es la única manera de volver descansado de unas vacaciones.

Las máquinas expendedoras

No des patadas a la mano que te da de comer

Unos de los seres más generosos de este siglo son las máquinas expendedoras de bollitos, snacks y tentempiés que hay en las oficinas.

Me refiero a esas dadivosas máquinas que, al módico precio de una moneda, te ofrecen un Kit-Kat y una interesante dosis de suspense. Porque, aunque metas la moneda, no es seguro que vayas a obtener la chocolatina.

La primera parte es como jugar al «Hundir la flota»: C4, agua... mineral. B5, Tokke... Si eliges el Tokke, empieza el suspense. Hay un sistema de muelle giratorio que tuvo que ser inventado por Alfred Hitchcock. Si no, no se explica ese momento en el que gira el muelle y el Tokke va avanzando hacia la muerte... ¡Chan, chan, chan...! Se ve que el pobre chocolate no quiere, se nota que va obligado... Y el muelle le impele sin remisión... Y el Tokke parece decir: «¡No, por favor! ¡No quiero morir!». Entonces pueden pasar dos cosas: o que la chocolatina caiga al vacío... o que se quede atrapada contra el cristal. Si ocurre esto último, se te queda una impresionante cara de tonto. Miras la chocolatina y la chocolatina te mira a ti, como diciendo: «Te jodes, me he salvado».

Y si a ti se te queda cara de tonto, a la máquina se le ponen los huevos de corbata, porque sabe lo que le espera.

Pensamos, reflexionamos y tras mucho cavilar llegamos a la conclusión de que lo mejor que podemos hacer con la máquina es darle una soberana paliza. Ante una máquina que se queda con tu dinero perdemos los papeles. Uno se energumenece y le sale el vacabuey que todos llevamos dentro. La agarras, la zarandeas como si fueras un oso, y nada. Le das patadas, la empujas, la golpeas, la vejas... Y todo ese esfuerzo por una chocolatina ¡que cuesta un euro! Un alcalde de Marbella roba cien millones de euros y apenas le tiramos de las orejas, pero una máquina expendedora te roba un euro y le astillamos el alma a patadas.

Cuando se queda ese Kit-Kat atrapado contra el cristal, nace un sentimiento de impotencia muy grande. Te sientes solo. ¿Quién manda en la máquina? Hay un vacío legal. Nadie se responsabiliza de ella. El dueño está lejos. Hay un teléfono para llamarlo, pero es de Alemania. La máquina se ha quedado con cincuenta céntimos y, si quieres llamar, te cuesta cuatro euros el minuto.

Entonces tenemos una idea genial: meter más dinero e intentar coger un bollito de más peso que esté por encima del Kit-Kat para que le caiga encima y lo arrastre. Es una idea inteligente, es como jugar a una máquina tragaperras y tener un avance. Ahora bien, como se te quede atascado el bollito también, te quieres morir. Ahí empieza a valer la pena llamar a Alemania para que vengan a arreglarla.

Una cosa fascinante de estas máquinas es los productos que tienen dentro. Son productos que no hay en las tiendas normales... una especie de maicitos muy, muy fritos, una especie de caña de chocolate color Prestige, una magdalena con mermelada radioactiva... Creo que estos productos no los encuentras en las tiendas normales porque están prohibidos. Por eso los vende una máquina, porque no es bueno que los manipule un ser humano.

Para compensar ponen productos extremadamente sanos: la galleta Biomanán con Omega 3, los Actimeles... Lo hacen para limpiar la conciencia.

El único producto normal es la Concha Codan, la alta costura del bollo de baja estofa, el más delicado manjar al que podemos acceder por menos de cincuenta céntimos, el más barato de los bollos capaz de dejarnos satisfechos y henchidos de dignidad.

Es evidente que estas máquinas dan un servicio a la sociedad. Deberían llevarlas a más campos del comercio. Joyas, por ejemplo. Máquinas de Tous, que es la única joyería del planeta en que hay colas. Si pusieran una máquina expendedora dando ositos las veinticuatro horas, les descongestionaba el negocio. El problema es que, como se te quede un osito atrapado, se da la paradoja que tú te pones como un oso a zarandear a otro oso, y ya lo dice el refrán: oso por oso, diente por diente.

Las mascotas institucionales
Hay un gran ser humano en su interior

Es muy difícil querer a las mascotas institucionales: Cobi, Curro, Ronald McDonald y toda esa gentuza. Están diseñadas para que no se les pueda coger cariño.

Siempre me he preguntado cómo hará Ronald McDonald para comerse una hamburguesa con los morros llenos de carmín. La cara blanca, los labios rojos, el pelo rojo... Da mal rollo, es como dejar a tus hijos con Shangay Lilí o con la duquesa de Alba. Por cierto, la duquesa también podría ser una mascota, podría sustituir perfectamente al borreguito de Norit.

El borreguito de Norit era majo, pero el osito de Mimosín, que aspiraba a lo mismo, era un pesado. Y no era del mismo material, el osito de Mimosín era acrílico: le acercabas una cerilla y ardía en cuestión de segundos.

El osito de Mimosín debía de ser gay, porque siempre salía de un armario. No pasa nada con que haya mascotas homosexuales. ¿Os acordáis de Curro, el de la Expo de Sevilla? Aquello no sólo tenía plumas, sino que llevaba en la cabeza la bandera del orgullo gay.

El pollo ése era una cosa que se inventaron aquel año para decir que con la Expo se había creado «Curro».

Luego en la prensa ponían que se habían creado puestos de trabajo. Al menos un empleo sí que se creó: el del tío que iba dentro del muñeco. Vamos a analizarlo fríamente... En Sevilla, pleno verano, 50ºC a la sombra... Imaginad el calorazo que tenía que estar pasando el pobre hombre pollo... Y llevamos tres lustros sin reconocerlo, pero enfrentémonos a la verdad: ¡¡¡ese hombre iba desnudo!!! Desnudo y sudando. ¿Os imagináis cómo tenía que oler ese disfraz después de los seis meses de Expo?

(Vaya, ahora ya no vemos las fotos que nos hicimos en la Expo con los mismos ojos, ¿eh?)

No sé qué pasa con los disfraces, que no hay término medio: o te asas de calor o te mueres de frío. Los disfraces de calor son el de oso, el de Picachu, el de Teletubbie... Y los de frío son el de caníbal o el de puta. Que inventen ya el disfraz templado, ni frío, ni calor: el oso caníbal o el Teletubbie puta.

Otra mascota polémica fue el Cobi. Me imagino a los amigos de Mariscal:

—¡A que no hay huevos de presentar el perro de la nariz torcida!

—No, paso, paso...

—Venga, doscientas mil pelas. ¡A que no hay huevos!

—¿Doscientas mil en serio?

—Doscientas mil pelas.

Y ahí está el Cobi. Luego los periodistas escribieron: «El creador hizo una apuesta por un diseño arriesgado...». De eso nada, el creador hizo una apuesta con los colegas a ver si colaba, y coló.

Más difícil tuvo que ser colar a Mario Bros, la mascota de Nintendo. ¿Os imagináis?

—¡Tengo una idea para un videojuego de acción basado en un personaje!

—¡Qué bueno, qué bueno! ¿Qué es? ¿Un héroe? ¿Un forzudo? ¿Un ser mitológico?

—Bueno..., no exactamente..., es un fontanero.

En este país se hacen mascotas de todo. Sólo con el *Un, dos, tres...* de Chicho se podría abastecer de mascotas a un país entero del Tercer Mundo. La Ruperta, la Botilde, el Chollo, el Antichollo, el Boom, el Crack... ¿Dónde estarán ahora todas esas mascotas? Menos mal que es difícil cogerles cariño, porque todos esos bichos no caben en una casa normal.

Y si ya he dicho que no es fácil amar a Ronald McDonald, todavía es más difícil encariñarse con los actores secundarios que le rodean: el hombre del antifaz, el bicho morado, la hamburguesa con ojos... Este último no lo entiendo: una empresa que se gasta una burrada en demostrar que no cocinan con ratas... ¡y ponen como mascota a una hamburguesa con ojos!

Luego hay una mascota supertenebrosa, que da hasta miedo. Es la de Polil, un abrigo con los brazos abiertos y con un sombrero. Es como un exhibicionista apolillado. Parece que va a decir: «Venid aquí, polillitas, que os voy a enseñar una cosita...».

En definitiva, las mascotas institucionales son los santos patronos de este siglo. San Juan Bosco es el patrón de los magos, porque la magia se inventó hace mucho. Como el cine es algo reciente, y ya no quedan santos libres, se tuvo que inventar Cinecito, una mascota que no tenía ni pies ni cabeza, porque salía antes de las películas animando a la gente a ir al cine. ¡Si los que te están viendo son los pocos que ya van! Si hoy se inventase la mina, la patrona no sería santa Bárbara, sería Antracito. Y así, podemos inventar las mascotas que nos salgan de las narices para los fines más peregrinos. Por ejemplo, propongo a Jeringuillo y Metadono, patronos de la droga. Niños, ¡no os acerquéis a ellos!

Cosas de la naturaleza

Los eclipses

Otra pequeña chapuza cósmica

Se ha hablado mucho de los eclipses, pero nadie ha dicho la gran verdad sobre este fenómeno del cosmos: los eclipses son un timo.

No es tan fiero el eclipse como lo pintan. Siempre decepcionan y la culpa es de la tele que está calentando tres días antes: «¡Es un eclipse total! ¡Un eclipse anular...! ¡Sucede cada doscientos años! ¡Uuuuh, que viene el eclipse, qué miedo! ¡No se puede mirar al Sol, hay que ponerse gafitas...!».

Eso me indigna. ¿Por qué prohíben mirar al Sol cuando está tapado por un eclipse y dejan que miremos al Sol el resto de los días? Entonces, ¡que prohíban mirar al Sol de noche..., que ni siquiera está! El problema mayor es que, como lo prohíben, te apetece mucho mirarlo.

—¡No miréis al Sol!

—¿Adónde?

Y ya has mirado.

Para mirar el eclipse hay que ponerse esas gafas de cartón indignantes que hacen que me revuelva en mi propia tumba. Vamos a ver... Si el próximo eclipse es dentro de diez años, ¿por qué hacen las gafas de ese cartón tan cutre? ¡Es que no van a durar! Eso dentro de diez años está para tirarlo. Es como si le pones a un coche cinturones de seguridad de papel higiénico...

Esas gafitas sirven para ver dos tipos de cosas, las dos suceden cada diez años y las dos son un fraude: eclipses y películas en tres dimensiones: *La muerte de Freddy Krueger*, *Tiburón 3*... ¡A ver si va a ser cosa de las gafas!

La culpa es de la tele. Tú sales a la calle y ves un eclipse que es una birria. Pero luego lo ves por la tele y es un eclipse que se cagan las culebras, parece el día del fin del mundo. Se ve la Luna pasando por delante del Sol... Incluso en Antena 3 se vio el triple eclipse, que es cuando delante del Sol se pone la Luna y entre la Luna y la cámara se pone María Teresa Campos.

En la tele el eclipse es más digno porque salen un montón de astrónomos con batas blancas. Siempre me he preguntado para qué necesitan los astrónomos las batas blancas... ¿Qué pasa? ¿Que les salpican los asteroides?

Cuando ves a los astrónomos en la tele, se les nota en la cara que toda la vida han sido los pardillos de su clase y de repente, cada dos siglos, tienen sus cuatro minutos de gloria.

—¡Somos astrónomos, tenemos batas blancas y nos vengaremos de todos vosotros por estos años de mofa!

—¡No, no, por favor! ¡Explicadnos el eclipse!

—Está bien. Para ver el eclipse hay que ponerse estas gafitas de cartón. ¡Jijiji...!

Para mí que las gafas ridículas fueron una idea de ellos.

La tele está a favor del eclipse por una cosa muy clara... Porque son imágenes muy chulas. Pero tiene un inconveniente... El eclipse no es ni bueno ni malo. Es como retransmitir un atardecer. No puede haber nadie que condene el eclipse, nadie que esté a favor, no puede tener repercusión en el Congreso ni puede ser culpa del Gobierno.

La gente lo ve como algo romántico... Pero de eso nada. El eclipse es una falta de organización. ¡Es una chapuza! La Luna que pasa por delante del Sol a las once de la mañana... Vamos a ver, ¿qué hace la Luna pasando por delante del Sol a esas horas? Eso no tenía por qué estar ahí. Que pase cada diez años no es excusa. Es como si te montan una cocina y un cajón no lo puedes abrir porque choca con la puerta de un armario. Y el tío te dice: «Cada diez años monto una cocina así».

Menos mal que pasa la Luna entre la Tierra y el Sol. Un día va a pasar el Sol entre la Tierra y la Luna y vamos a tener un disgusto. A ver con qué gafas vemos ese eclipse.

Lo único bueno del eclipse es que es puntual. Si los astrónomos te dicen que es a las diez cuarenta y cinco, si te paras a comprar palomitas te lo has perdido.

Hay que valorar que sean puntuales porque son grandes astros. En España vas a ver un concierto de Bustamante, que va de estrella, y tarda media hora en salir. El eclipse te dice que a las diez cuarenta y cinco, y a las diez cuarenta y cinco empieza clavado. Eso sí, no le pidas bises. Que hay gente que se emociona viendo el eclipse y, cuando termina, se ponen a corear: «¡Otro, otro, otro!».

Las medusas

«Flemas marinas» made in USA

Las medusas son el último animal de la Creación. Un animal que es 98 por ciento de agua, eso Dios tuvo que hacerlo sin ganas. Que no diga ahora Nuestro Señor que la medusa le llevó el mismo tiempo que el majestuoso sapo partero, o el esbelto jabalí verrugoso.

La medusa tiene el 98 por ciento de agua... ¿Y qué es el 2 por ciento restante? ¡Veneno! Ya es mala suerte que cada vez que tocamos una en el mar la toquemos justo por el lado del veneno. La medusa no lo hace a mala idea, lo que pasa es que la pobre va agobiada. No tiene ojos, ni boca, ni pelo, ni piel..., nada. Eso es agobiante. Una persona normal, cuando empieza a perder pelo, se agobia. ¡Imaginaos no tener piel! ¡Se te saldría todo lo de dentro! Te vas dejando los órganos vitales en los taxis. Un agobio.

También tiene que ser agobiante estar hechas de agua y vivir rodeadas de agua. Es como si nosotros viviéramos sumergidos en una piscina de carne picada. La gente, en lugar de fumar cigarrillos, fumaría canelones. Sería horrible, y ésa es una de las razones principales por las que la mayoría de las medusas no fuman.

El hecho de que las medusas no fumen ha tenido en jaque a varios científicos. En el fondo es muy sencillo:

si las medusas fumaran, se acatarrarían, tendrían mocos, escupirían flemas... Y ¿cómo se diferencia una medusa que escupe una flema de una que está dando a luz? Es imposible. Hay que decirlo: ¡las medusas son gigantescas flemas marinas! Esto confirma que las medusas son el último animal de la Creación. Dios termina el Mundo, se asoma desde el cielo, lo ve allí abajo, y lo que te apetece es escupir. Que Dios también es humano.

A pesar de todo, tengo un cariño especial a las medusas. Y no porque sean flemas divinas, sino porque tuve medusas. Lo contaré, aunque es una historia triste. Todos conocemos la leyenda del hidroavión y el buzo que apareció calcinado en un bosque gallego. Bueno, pues junto a ese buzo iba una medusa que, como era de agua, con el calor del incendio se evaporó en forma de nube. Viajó hasta La Coruña, se condensó y llovió en forma de gotitas de medusa. Era muy difícil verlas porque parecían gotitas de verdad, pero cogí una y la adopté. Al principio la tenía en el bidé. Era un lío porque cada vez que me quería lavar los pies tenía que irme a la bañera.

Luego la medusa se hizo grande y la pasé a la bañera, que era peor, porque cuando me quería bañar tenía que hacerlo en el bidé. La pobre era una medusa existencialista. Me decía:

—Soy una medusa y estoy triste. Ser medusa es una mierda.

—No, hombre, no... Ser medusa tiene muchas ventajas.

—¿Cuáles?

—No te tienes que hacer radiografías. Te haces una foto normal y te vale de radiografía.

—Ya. Pero, total, ¿para qué? Si no tengo huesos...

Yo veía a la pobre medusa tan desanimada que decidí llevarla de paseo. Cogí un acuario, le puse unas ruedas, y la medusa iba dentro atada con un collar. Yo tiraba de la correa y lo llevaba todo como un carrito.

Paseamos por La Coruña, fuimos a la plaza de María Pita a comer carne asada, luego la llevé a mi colegio, a Santa María del Mar para que viera la ría, a la Torre de Hércules... Y al terminar el día, le digo:

—¿Qué te parece, medusa? ¿No son motivos suficientes para estar contenta?

Entonces la medusa me mira y me dice:

—¿Tú eres tonto? ¿No ves que no tengo ojos para ver nada, ni piel, ni boca para comer carne asada y te lo has comido tú todo?

Se puso muy triste y se suicidó picándose a sí misma muchas veces en los huevos.

Aquí viene mi duda: ¿las medusas van al cielo? Y si se suicidan, ¿sus almas quedan penando? ¿Cómo son los fantasmas de las medusas? Porque si las medusas ya son transparentes de por sí, imaginaos los fantasmas de las medusas. Tal vez se nos aparecen constantemente, lo que pasa es que no las vemos. ¿Nunca habéis notado que de repente os empieza a picar mucho, mucho, mucho una pierna? Eso es un espíritu de medusa. ¿Y cuando se os pone un ojo borroso y no sabéis por qué? Eso es que se os ha metido un fantasma de medusa en el ojo.

Por eso, cada vez que sintáis que os pica una pierna, o que veis borroso por un ojo, rezad un padrenuestro por el alma de esa medusa que, por una cosa o por otra, está obligada a errar hasta encontrar la paz de su viscoso espíritu.

Las piedras

Son preciosas

Existen unos pequeños objetos que van de duros por la vida, pero que, en el fondo, tienen su corazoncito: las piedras. El problema de las piedras es que han tenido una infancia muy dura. Nacieron en la Edad de Piedra, una época en que todo lo que se fabricaba era de piedra. Llegaba uno con toda la ilusión del mundo:

—Oye, oye, ¡que he inventado el flotador!

—Pues muy mal. No es el momento.

Luego llegó la Edad de Hierro, que duró... pues hasta que quiso Florentino Pérez. Y, claro, con esos comienzos tan duros las piedras se curtieron, se tuvieron que adaptar y se hicieron crueles, porque era la ley de la selva. Primero fueron puntas de lanza, luego hachas de sílex. Siempre se lo montaban para hacer daño, hacían su propia guerra. En esta época sólo ejercían como revolucionarias las piedras grandes, que hacían un hacha, una maza o se lanzaban en catapultas. La piedra grande se compadecía de la pequeña:

—¡Oh, pobre piedrecita! ¡No puede luchar!

—Sí, espero a que se inventen los zapatos para hacer guerra de guerrillas.

Una piedra en un zapato es un martirio. Y el tiburón blanco de las piedras en el zapato es la piedra que se mete en la bota Chiruca de excursión al campo. Va royendo tu pie y piensas: «No pasa nada, mi piel es dura. Horada pero no sangra. Soy capaz de mover el pie y desplazarla a un sitio donde no moleste», y empiezas a culebrear con el pie, a dar saltitos... El movimiento es, literalmente, bailar la jota, saltando a la pata coja y dando pataditas al suelo con la punta del zapato. ¡Y es inútil! Las piedrecitas son como los residuos radioactivos: es imposible encontrar un sitio donde no molesten.

Al final te quitas la chiruca... ¡Que desatarse una chiruca tiene narices! Vas con el pie como el corsé de la señorita Escarlata. Por eso las heridas de los pies no sangran: porque llevas un torniquete. Después de caminar kilómetros sufriendo como un nazareno, te quitas la bota, sacas la piedra y pasa una cosa terrible para la piedra..., está en tierra desconocida, en un sitio donde hay más piedras, pero no conoce a nadie. Tú te vas aliviado porque te has quitado la piedra, pero ¿qué hace ella? Dice: «Una mierda, aquí no me quedo, me pego a la suela», y se agarra. ¿Nunca os habéis fijado? Al llegar a casa después de una excursión siempre llevas una piedrecilla incrustada en la suela. Te la tienes que sacar con una rama, porque no sale la desgraciada... Y llegas a casa y tampoco la puedes sacar. ¿Por qué? Porque tampoco quiere quedarse en casa, que tampoco conoce a nadie. Hay piedras que se pasan semanas en una suela hasta que pasas otra vez por el camino en el que la recogiste y se sueltan para volver al hogar. Bueno, pues esa piedra que parece que ya no puede hacer más daño aún sirve para tirarla con un tirachinas y sacar un ojo a alguien. Que hoy en día te ponen un ojo de cristal y ya está, pero imaginaos esto en la Edad de Piedra:

—Oye, ¡que he inventado el ojo de cristal!

—¡Que no, coño! ¡Que ahora no es el momento!

Las piedras, como han tenido una infancia áspera, quieren destruir a la Humanidad. Cuando vas con tu novia de cámping, no se conforman con meterse en el zapato, agarrarse a la suela y sacar el ojo a un amigo. Cuando llegas a un río, tu novia se va a ver cosas por ahí, tú coges una piedra planita, la tiras al río y da doce botes. Coges otra, y trece. Coges otra, y veintiséis. Pero llamas a tu novia para dejarla impresionada y la piedra hace ¡gloc!, no da ni un bote. Las piedras saben cuándo hay una novia mirando para no botar.

Estás por el monte con los amigos y con tu chica, y se empieza a hacer de noche. Hay que montar la tienda de campaña y necesitas una piedra para clavar las piquetas. Y las famosas piedras, que han estado tocando los huevos a lo largo de la Historia, ¡desaparecen! No encuentras ninguna. Al final tienes que martillar las piquetas con el ojo de cristal de tu amigo.

Finalmente montas la tienda. Agotado, te metes a dormir y resulta que has montado la tienda encima de la única piedra que hay en todo el monte. Y se te clava de una manera que te mira tu novia y te dice:

—¿Qué te pasa?

—Que tengo una piedra en los riñones.

—¿Un cólico?

—No, peor.

Y sabiendo todo esto de las piedras, imaginaos la gracia que le tuvo que hacer a Pedro que llegara Jesús y le dijera: «Tú eres Pedro, y sobre esta piedra edificaré mi Iglesia». ¿Sabéis qué le dijo Pedro? «Ahora ya sé quién me pone la piedra encima para que no levante cabeza.»

Las gotas

Pequeñas porciones de océanos

Casi nadie piensa en las gotas. Nosotros estamos compuestos en un 70 por ciento de agua... Ya. Pero el agua está compuesta en un 100 por ciento de gotas, y eso no lo dice nadie.

Por lo general la gente tiene un 70 por ciento de agua. En personas como Enrique San Francisco el porcentaje puede cambiar. Todos sabemos que un día Enrique se hizo un corte y la herida se desinfectó sola. Otro día le picó una serpiente y el que le tuvo que succionar el veneno se agarró un ciego.

Pero, bueno, el alcohol también está compuesto de gotas. Y también son importantes, porque sin las gotas de alcohol no se podrían hacer los carajillos, y sin los carajillos los obreros de la construcción no trabajarían, y sin ellos no habría casas. O sea, que si no hubiera gotas, viviríamos en cuevas. Y en cuevas sin estalactitas ni estalagmitas, que son goteras al fin y al cabo.

Lo más interesante de las gotas es que son indicadores. Las gotas nos dicen cosas acerca de las cosas. Por ejemplo, para saber cuán placentera ha sido una siesta está la gota «babilla siesta». Esa gota sale de la comisura del labio, tiene alma de caracol, camina despacio y deja un rastro mojadillo. Esa gota clama al cielo cuán placentera ha sido una siesta.

Otra gota muy importante e indicadora es la gota de la pera de agua. Esa que llega hasta el codo, otra con alma de caracol. Empiezas a comer la pera y la gota baja por la muñeca, por el brazo... Es lo que indica el grado de madurez de la pera. Si llega hasta el codo, es que está madura. En las fruterías deberían dejar hacer la prueba de la gota. Muerdes la pera y, si la gota no llega hasta el codo, la dejas allí.

Otras gotas muy famosas son las que indican que se ha acabado la leche. De repente, una mañana te levantas, vas a preparar el desayuno, coges el brick y parece que flota en el aire. Es evidente que no hay leche, está vacío. Aunque sea desnatada, un cartón de leche no puede pesar tan poco.

Pero aun así lo cogemos, y lo comprobamos, y hasta que no vemos esas gotitas no nos quedamos tranquilos.

Eso pasa mucho. Hasta que uno no ve salir las últimas gotitas no se cree que se haya acabado. Pasa con el pis. Esto sólo les pasa a los chicos. Las gotitas del pis suelen ser tres, como tres puntos suspensivos. Indican que por hoy ya hemos terminado, pero «Continuará...».

Otra gota muy famosa, porque sale en la tele, es la gota de Fairy. Según el anuncio, pones un plato y toda la grasa, ¡chiuf!, desaparece. Ya. Ese plato está trucado. Esa gota en un piso de estudiantes no tiene ni por dónde empezar. He visto pilas de platos que como no les hagas una liposucción...

Luego están las gotas que no son gotas, las gotas chorrito. Las de los oídos. Nunca nadie en la historia de las otitis ha podido echarse las gotas de los oídos de una en una. Además, es imposible encestar. Es curioso: normalmente el dolor de oídos empieza porque nos ha entrado agua en un oído, pero luego meter las gotas es prácticamente imposible.

Pensemos un poquito más en las gotas, aunque sea en plan egoísta, porque como se cabreen nos pueden hacer la puñeta. La lluvia son gotas al fin y al cabo. Unas cuantas gotas cabreadas se asocian cuando acabas de lavar el coche, empieza a llover y te hacen la pascua. Te queda el coche a lunares.

O puede ser peor: pueden amenazarte con hacerle algo a tu familia. Esperan a tu madre a la salida de la peluquería y le chafan el cardado, que se quedan las pobres madres como si llevasen rastas.

Eso sería para llorar, que, por cierto, no dejan de ser gotas. Se podrían llorar gotas que colmen vasos. Es un final un poco Fernando Ónega, ya lo sé, pero Fernando Ónega sería más en plan «gotas que colman vasos, que colman cubos, que colman bañeras, que colman océanos que son las tres cuartas partes de la Tierra».

Las huellas

La firma del que no tiene tiempo de andarse con tonterías

Las huellas están bastante bien, pero las sobrevaloramos, todo hay que decirlo. Hay cosas que no pueden ser. Llega Grissom, el del CSI, y dice: «Caramba, esta huella es de un hombre de metro ochenta, setenta kilos, zapatos negros a juego con el traje, gafas, pelo y un hijo con acné». Grissom, es imposible que se te ocurra todo eso viendo una huella, ¡esa huella la has hecho tú! ¡Si necesitas una lupa para verla! Y aquí me detengo a causa de la indignación y el rechinar de párpados que me producen las lupas, que también están sobrevaloradas: no hay nada que se vea con lupa que no se vea con los ojos. Los pobres detectives siempre están con una lupa buscando huellas. «¡He encontrado una huella!» ¡Es del tamaño de un zapato! Vamos a ver, si necesitas un lupa para ver una huella de ese tamaño... ¡no te metas a detective!

Las huellas dicen cosas, pero no tanto. Un día sales del cine, vas por el coche y te encuentras que tiene unas huellecillas como de gato por todo el capó, el cristal y el techo. Huellas que, por cierto, son más pequeñas que las pisadas de humano y a nadie le hace falta lupa para verlas. Y ya sabes todo, mamífero cuadrúpedo de la familia de los félidos: ¡gato de los huevos!

Dejas el coche en la playa y cuando vuelves hay una especie de huellecillas con forma de pequeños tridentes, miras para arriba y ves las gaviotas tronchadas de risa: «¡Ua, ua, ua!». ¡Desgraciadas! ¿No tenéis alas?

¿Para qué tenéis que andar viniendo a pisar los coches! Las gaviotas son malas.

Cada huella cuenta una historia. Una caca de perro con una huella humana encima... y luego, como rastrojo, como huellas de frenazos. Ahí hay un drama. Una huella en el culo de Mortadelo: ahí hay otra historia. Las huellas no tienen por qué ser de pies, pueden ser marcas, el caso es que digan cosas de nosotros. Por ejemplo, un día, por circunstancias que ahora no vienen al caso, te quedas a dormir en casa de una chica, y te levantas con la marca de la almohada en la mejilla. Eso es una huella. Como tenga las iniciales bordadas, es una faena. Te vas al trabajo con «LT», Lucía Tribeca, tatuado en la cara. A ver quién lo niega:

—¿Qué? Anoche...

—No, no...

—Cómo que no, ¡si se te ve en la cara!

Oye, pues a lo mejor no. No hay que dejarse llevar por la primera impresión. Es como cuando ves dos huellas de esquíes que acaban en un árbol, y en el tronco hay huellas de dientes. Parece que pertenecen a uno que estaba esquiando y chocó, pero no necesariamente. A lo mejor venía andando, pegó un mordisco al árbol y subió esquiando para contarlo.

El problema de las huellas es que, mientras los hombres sigamos dejándonos pies, los pies seguirán dejándose huellas. Y no sólo los pies, también los dedos, y las gaviotas, y Big Foot, y todo bicho viviente. En los años ochenta hubo un boom de la colonia de hombre Brummel «para hombres que dejan huella». Y así nos va, la raza humana no para de dejar huellas, que estamos poniendo el mundo perdido: dedos en las gafas, pies en el cemento fresco, «aquí estuvo Pepe» en las puertas de los servicios de los bares, el rayajo de un boli que no pinta, la alfombrita del cuarto de baño llena de huellas, ¡todo lleno de huellas!

Las huellas son llagas que el hombre a su paso va dejando en el mundo. En el planeta Tierra ya no caben más, por eso todos los esfuerzos técnicos y los avances científicos de la NASA están dirigidos a buscar otros sitios en los que podamos ir a dejar más huellas. ¿Para qué se fue el hombre a la Luna? ¿A coger piedras? ¿Para qué si piedras tenemos aquí de sobra? Se fueron a dejar una huella que ya no tenían dónde meterla.

Los codos

Imprescindibles en la transición... del brazo al antebrazo

La gente cree que los codos no tienen sentimientos. Y se oye por los arrabales: «¡Qué curioso! ¡Si te pellizcas en los codos, no notas nada! ¡Pellizcaos! ¡No hay dolor!». Ya. Lo que pasa es que los codos no se quejan.

Los codos son dos pedazos de pan. De hecho, los miras y son como los cuscurros de la barra de pan, rugositos, con piquito... Cuenta la leyenda que un señor de Cáceres, provincia de Ciudad Real, compró el pan un domingo y, al volver a casa, en lugar de pellizcar el cuscurro, se arrancó un trozo de codo... y se lo comió. Ya digo que es una leyenda, pero ilustra muy bien el problema de los codos en España.

¿Cuándo ha sido la última vez que mirasteis a un codo a los ojos? Si os dieron un codazo en la cara, no vale. Hay que tratar más con los codos. Hablo con los codos de mis amigos y me cuentan cosas. Todo el mundo habla por los codos, pero nadie habla con ellos. Los codos piensan que las personas pueden mejorar, pero, no, las personas son como unas bragas compradas en Zara... Es imposible cambiarlas.

Y cuando los codos se dan cuenta, ya es demasiado tarde. Por eso, cuando nos hacemos mayores, la piel de los codos se nos empieza a despegar. Es como si se quisieran divorciar. Ya no sienten apego. Llega una edad en que ese pellejito se descuelga, y se descuelga, y hay veces que parece que esté haciendo puenting.

He encontrado un documento histórico, un escrito medieval que habla de los codos. Voy a transcribirlo aquí: «Cuenta la leyenda que don Inosorto Bloc, natural de Berlín, provincia de Cáceres, tenía los pellejos tan colgantes y tan largos que era capaz de hacerse trenzas con ellos».

La leyenda no aclara cuál era el tercer pellejo de la trenza. Pero sigue: «Vivía en un castillo y cada vez que su amada venía a visitarle él tiraba su trenza desde el balcón, la amada se agarraba, la trenza se enderezaba y ella subía directamente al balcón...».

Eso aclara, quizás, lo del tercer pellejito. Pero no acaba aquí la cosa: «Y cuenta la leyenda que los dos enamorados pasaban horas y horas embobados, mirándose a los codos. Y que no necesitaban más».

No, la verdad es que más bien necesitaban menos. Lo que me interesa contar es que hubo un tiempo en el que los codos estuvieron de moda. Y hoy en día no, los codos no están de moda. Hay partes del cuerpo que están de moda y partes del cuerpo que no. Las ingles están de moda, las ha puesto de moda Paulina Rubio. Todo el mundo sabe cómo son, cualquiera podría dibujar las ingles de Paulina Rubio sin tenerlas delante. Pero... ¿cómo son los codos de Paulina Rubio? Nadie lo sabe.

Las manos están bastante de moda. Se llevan mucho. La gente prefiere tener pájaros en las manos antes que verlos volar... Nadie pone la mano en el fuego por nadie. Las manos están de moda, se revalorizan mucho, hasta las manos de segunda mano.

Y los codos, nada, denostados. La gente no se da cuenta de que la vida sería mucho más feliz si tuviéramos más codos. Imaginaos que tuviéramos dos codos en cada brazo. Lo podríamos meter en las máquinas de Coca-Cola y podríamos coger latas gratis. Y nos podríamos rascar toda la espalda. Porque los codos están compinchados con la espalda y siempre nos pica la zona a la que no se puede llegar.

Sin embargo, preferimos vivir dando la espalda a los codos. ¡Cómo sería la vida sin codos! Para lavarnos los dientes el mango del cepillo de dientes tendría que ser tan largo como el mango de la escoba. Habría que beber el café con pajita. Tendríamos que afeitarnos unos a otros. Para leer el periódico tendríamos que usar gafas de lejos. La vida cambiaría mucho, y a peor. O sea que mejor que cambiemos nosotros a mejor y hagamos un poquito más de caso a los codos, que se lo merecen.

Los picores

Primero pica y luego rascamos. Menos con el coche, que primero nos lo rascan y luego nos picamos

Rascarse es uno de los mayores placeres que existen junto con hacer pis después de un viaje muy largo. Por eso, desde pequeños, las madres nos lo prohíben: «No te rasques, que es peor». Para un placer que puedes proporcionarte a ti mismo sin quedarte ciego... «No te rasques que es peor.» Ésa es la frase más cruel que existe. A los 9 años, la varicela. Estás en casa, con la piel celebrando un festival de ronchas, te mueres de picor..., llega tu madre de la compra y, como te quiere, te trae un *Mortadelo*. «Mamá, ¿para qué quiero un *Mortadelo*? ¡Me estoy muriendo de picor! ¿No me puedes dar el rallador del pan?»

En verano es terrible: hay mosquitos. Te metes en la cama y te despiertas con unas ronchas del tamaño de un bidé adulto. Y otra vez te dice: «No te rasques, que es peor». Pero no puedes impedirlo, porque las picaduras de mosquito son de picor progresivo. Empiezan picando, tú te rascas, ras, ras, ras, pero el picor no se va. Hasta que de repente se despelleja aquello y notas que estás rascando sobre fresquito... Mal asunto... Ahora es cuando empieza a picar que te cagas. Y, además, como hace postilla, te delata. Y llega tu madre: «¿No te dije que no te rascaras, que era peor?».

El tiburón blanco de los picores es el de espalda. Es terrible, y no porque sea intenso, ni fuerte, ni agudo, sino porque es inteligente. Sabe en qué punto de la espalda colocarse para que sea imposible llegar con las dos manos. La espalda se compone de parte de arriba, parte de abajo y tierra de nadie. La tierra de nadie es como la aldea gala de Astérix, una zona desconocida de acceso imposible. Ahí se alberga el picor de espalda. ¿Y qué podemos hacer entonces? Hay varios métodos: *a)* pedir ayuda a las madres: «¡Mamá!, ¿me rascas?». Las uñas de madre largas, duras... son lo mejor para los picores de espalda. Creo que Marco salió a buscar a su madre porque le picaba la espalda. Cosa normal: todo el santo día pegado a un mono, lo más seguro es que tuviera la tiña, no se le quitaría el picor ni con rastrillo de jardinero...; *b)* coger un objeto alargado y puntiagudo, como un boli, un tenedor, un sacacorchos, e intentar llegar a la tierra de nadie. Hay quien lo ha intentado con la escobilla de váter, pero no sirve, sólo aumenta el picor. Venden unos aparatitos que se llaman «rascadores», una especie de bastón que tiene en la punta una mano de madre. Son maravillosos, lo que pasa es que uno les coge el gustillo y empiezas, sigues y es muy difícil parar... Cuando empiezas a rascar en fresquito, no te das cuenta, te quedan los huesos al aire, sales a la calle y los perros te saltan a la chepa para roerte las tabas. Por eso hay quien pasa a la opción *c)* rascarse la espalda contra el gotelé de la pared.

Y me pregunto: ¿cómo se rasca la espalda un erizo? O un conejo, que son de patas suaves. Aunque venga su madre, lo máximo que puede hacer es sacarle brillo. Muchos conejillos salen a campo abierto para ver si una amable águila real viene con sus uñas de madre y les rasca la espalda. Lo he visto en documentales de La 2.

Hay un picor que está siempre tocando las narices, el que hace que te parezca que vas a estornudar y no estornudas. Es como un *estornudus interruptus*. Otro picor terrible es el de pies. Porque los pies son de piel gruesa y rascar no llega al picor. Y si le pides a una madre que te los rasque, te mueres de cosquillas. Tampoco es bueno el picor americano, ese que te ataca cuando no te puedes defender, por ejemplo, cuando estás fregando. Intentas rascarte con el codo, con el hombro..., nada. Deberían fabricar guantes de fregar con uñas.

Muchas veces nos rascamos aunque no nos pique. Por ejemplo, cuando pensamos. ¿Por qué la gente, para pensar, se rasca la cabeza? «No, es que te pica la curiosidad.» ¡Anda ya! No digas gilipolleces.

Hay otra situación en la que los hombres nos rascamos aunque no nos pique. Cuando un hombre está en calzoncillos, la mano se le va sola, risqui, risqui... No hay picor, no hay molestia, pero es inevitable el risqui, risqui... Sobre todo, cuando un hombre en calzoncillos habla por teléfono. Entonces, la frecuencia de rascaje se multiplica por seis:

—Hola, mamá (...) Que sí, que ya me acuerdo de felicitar a la tía Pili.

—Hijo, ¿estás en calzoncillos?

—Sí, sí, estoy en calzoncillos. ¿Por qué?

—¡Pues no te rasques, que es peor!

Cosas del paso del tiempo

El cabello en la tercera edad

Peliagudo tema

Conocemos poco sobre el cabello en la tercera edad. Todos sabemos que las abuelas siempre llevan el pelo corto, nos hemos acostumbrado a verlo. Pero tuvo que haber un día en el que esa abuela lo tenía largo y se lo cortó. Un día dijo: «Ya está. Ya soy una señora mayor, ¡voy a la peluquería!».

¿Cómo se toma esa decisión? ¿Se consulta en casa? Si no, imaginaos al marido que ve que un día sale por la puerta la madre de sus hijos, y la que vuelve es la abuela de sus nietos. Sale Terelu y vuelve María Teresa Campos.

¿Qué hace ese marido? Pues qué va a hacer..., teñirse el pelo de castaño muy, muy, muy oscuro. Los señores mayores no es que se tiñan, es que se pintan con Titanlux. Y luego se olvidan de que la barba la tienen blanca. Los ves negros por arriba y blancos por abajo, y parecen un Magnum que se está derritiendo por abajo.

Eso sólo pueden hacerlo los señores mayores que tienen pelo. Los hay que no, se quedan calvos y dan lugar al clásico abuelo calvo que a todos nos gusta. La otra opción es un poco triste: los señores que se ponen peluca. Vamos a ver, una cosa sobre las pelucas: se notan. La mayoría son caras y por mucho dinero que te gastes en una peluca se nota siempre. Creo que lo hacen a propósito. Se gastan una pasta en una peluca y quieren que la gente lo vea: «Soy calvo, ya. Pero soy rico y pudiente. De la otra manera soy sólo calvo».

El cabello masculino en la tercera edad es un enigma. Pero volvamos al femenino... Un día, una señora decide que quiere llevar pelo de abuela y se lo corta. Lo curioso es que si le preguntas:

—Oye, abuela, ¿por qué te has cortado el pelo?

—Por comodidad.

—¿Por comodidad?

—Sí. Se seca mucho antes, no se enreda, no te molesta el viento...

—Un momento, un momento, un momento, abuela. Acabas de cumplir 75 años, ¿qué tienes pensado hacer?

Parece que tu abuela ha esperado a llegar a la tercera edad para empezar a hacer parapente, nadar en los ríos, cazar a lazo...

El pelo de abuela es una maravilla. Esos pelos vaporosos, que son como una nube. ¡Eso sí que es volumen! Les cae una maceta desde un sexto piso y ni se enteran. Pueden ir en moto sin casco. Es como llevar un cojín incorporado, pueden dormirse viendo la tele sólo con apoyar la cabeza en el pelo. No sé cómo se consiguen esos pelos. O bien usan un champú con levadura, o bien se peinan en las ferias, en la máquina del algodón de azúcar. O tal vez sea un pelo nada más, pero muy, muy largo, y lo han doblado muchas veces.

No lo sé. El pelo de las abuelas es uno de los secretos mejor guardados y ningún hombre lo conoce. ¿Ninguno? Sólo uno: Luis del Olmo. Alguien debería decir a Luis del Olmo que la peluquería a la que va no es unisex.

El problema será cuando a Luis del Olmo le dé por teñirse el cardado de negro oscuro, oscuro... Porque los peinados nube sólo tienen un inconveniente: no se pueden teñir. Les des el color que les des, no lo cogen. Y, claro, vas a misa de una, te pones al final y ves las cabecillas de las abuelas redonditas y de colores... amarillo, violeta... y aquello parece un expositor de Chupa-Chups.

Ésa es otra de las ventajas del pelo en la tercera edad: ves a los abueletes y unos parecen un Magnum de chocolate, otros parecen un algodón de azúcar y otros, un Chupa-Chups, y dan ganas de comértelos a besos.

La puntualidad

Si quieres que te lo diga, espera

Hay un pequeño concepto que estoy tardando en tocar: la puntualidad. En España la puntualidad está mal vista. Si llegas el primero a una fiesta, pareces un pringado. Si eres de los primeros en casarte, tus amigos te miran raro. Si estás con una chica en la cama... y te duermes antes, es un problema.

La gente importante nunca es puntual. Por ejemplo, los médicos. Para empezar tienen un sitio que se llama «sala de espera». Ya se da por supuesto que él va a llegar tarde. Y cuando por fin te llama, entras en la consulta y el médico en persona te dice: «Siéntese ahí y espere». Y él se mete en un despachito. No sé qué tiene que hacer en ese despachito... pero ¿no lo podía haber hecho mientras yo estaba en la sala de espera? Pues no, es un tío importante, es un médico; si quiere, no te opera y te mueres.

La gente importante nunca puede ir con prisas... Mirad lo que les pasó a Lady Di y Dodi Al Fayed. Es lo que tiene la puntualidad británica: se da de bruces con el sentir latino.

La gente importante tiene que hacerse esperar, como los mejores melones. Y hay gente todavía más importante que los médicos y las princesas... Los fontaneros.

Los fontaneros tienen un concepto impío de las esperas. Te dicen:

—Ya si eso me paso el martes.

—¿El martes de qué mes?

Eso no lo puede hacer todo el mundo:

—Señor jefe, ya si eso le entrego el informe el martes.

O el quiosquero:

—Ya si eso el periódico de hoy se lo traigo el martes.

Otras personas importantes que nos hacen esperar son los pilotos de Iberia. Van de uniforme, llevan galones... Vamos, que si quieren, pueden decir:

—Ya si eso despegamos el martes.

Pero como las personas que van en los aviones son personas importantes..., no quieren esperar. Y pasa una cosa curiosa: el avión aterriza, hay que esperar a que abran las puertas..., pero nadie puede esperar. Se ponen de pie. Acaban de hacer un viaje de tres horas sentaditos la mar de bien, pero en cuanto el avión toca el suelo le entra la prisa a todo el mundo. Y se da lo denominado como «momento buhardilla», ese momento en el que estás de pie en el avión pero con la cabeza doblada porque chocas con el techo. Y así, a esperar. Tres minutos con el efecto buhardilla se hacen eternos.

Cuando uno espera, el tiempo pasa más lento. Si llegas al metro y resulta que se acaba de ir y el rótulo anuncia que faltan tres minutos para el siguiente, te dan ganas de salirte del metro. ¡Por tres minutos! ¡Menos de lo que se tarda en hacer pis! Y ves a la gente blasfemando, resoplando, porque cuando uno espera es como si fueran minutos distintos, minutos en los que uno no sabe qué hacer.

El mejor ejemplo es cuando eres pequeño. Cuando uno es pequeño, para todo tiene que esperar... Porque uno todavía no es importante.

Un día te quedas a dormir en casa de un amigo después de convencer a tu madre. Y conste que convencer a una madre para que te deje quedarte a dormir en casa de un amigo es posiblemente una de las cosas más difíciles de este planeta:

—Mamá, ¿me puedo quedar a dormir en casa de Edu?

—Ya veremos.

Creo que mi madre lo hace por venganza. Porque un día tuvo un retraso, y era que me esperaba a mí. ¡Y me estuvo esperando nueve meses! Lo hice por hacerme el importante... Y por eso ahora no me deja marchar a casa de Edu.

Un día la convences. Te quedas a dormir en casa de un amigo, no estás acostumbrado a la cama y te despiertas una hora antes que él. Te quedas tumbado en la cama mirando al techo... una hora..., pero que parecen tres años. Te da tiempo a hacer una carrera menor.

Y te dedicas a hacer ruiditos, aparentemente normales, para ver si lo despiertas. Como suspiros, toses, gruñidos...

Y luego creces. Y a no ser que te hagas importante, hay que seguir esperando. Por ejemplo, si vives con una chica, aprendes que hay dos partes de la casa en las que un hombre siempre es más rápido que una mujer: en el cuarto de baño y en la cama. Se mete tu chica en el cuarto de baño y tú en la puerta:

—¡Eh, eeeh, cariño! Que si te puedes dar un poco de prisa...

—Ya voy...

El «Ya voy» es el «Ya veremos» de las chicas que aún no son madres.

Pero te lo crees. Y sigues allí al pie de la puerta:

—Venga, ¿te falta mucho?

—Que no, que ya estoy.

«Ya voy», «Ya estoy», tamañas mentiras dicen las mujeres... Que aprendan de los hombres, que cuando estamos en la cama y decimos «Ya voy, ya estoy» es que ya vamos, y que ya estamos... dormidos.

Las fechas de caducidad

Con la muerte en tus talones (vamos, al dorso)

Hay fechas inolvidables, fechas conmemorativas, fechas simbólicas, centenarios, efemérides..., pero la más importante de todas las fechas es la fecha de caducidad.

Los alimentos perecederos llevan una vida terrible y cruel, porque llevan tatuada la fecha de su muerte. Nosotros sabemos cuándo nacimos y celebramos nuestro cumpleaños. Los yogures no tienen ni idea de cuándo nacieron, pero saben que el 12 feb. se van a criar malvas. Los alimentos, en lugar de celebrar cumpleaños, celebran cumplemuertes. En vez de cantar: «Y que cumplas muchos más», cantan: «... y ya te queda menos».

¿Os imagináis lo que tiene que ser llevar tatuada la fecha de tu muerte? Si llevaseis ese tatuaje en el brazo, ¿lo leeríais? ¿No? Pues da igual, porque pondría: «Fecha de caducidad: mirar al dorso». Que eso me indigna. ¿Por qué mirar al dorso? ¿Qué les costaba ponerla ahí?

Creo que lo hacen así porque si no los alimentos se deprimirían y se suicidarían. A mí el otro día se me suicidó un yogur y es un drama.

De hecho, muchas veces se andan con rodeos para que el mensaje no sea tan directo. Redactan eufemismos, cosas más suaves como: «Consumir preferentemente antes de...». ¿Qué es eso de «preferentemente»? Que si prefieres seguir viviendo lo consumas antes de que caduque.

¡Estamos hablando de una cuestión de vida o muerte! Preferiría que fueran todavía más directos: «Como te comas esto después del jueves, te cagas». Luego pasa lo que pasa: cuando tienes un yogur que pone «12 feb.», aunque estés a 13 o a 14, dices:

—Va, no pasa nada, siempre dejan un par de días... Es «consumir preferentemente»...

Al yogur no lo respetamos. Sin embargo, con la leche nos acojonamos. Estás a 12 feb., te vas a tomar un vasito de leche antes de acostarte, en el cartón pone «Fecha de caducidad: 12 feb.» y estás cagado. Vas a todo el mundo:

—Huélela. ¿Te huele bien? ¿Te huele a leche caducada? ¿Pasará algo? ¿Hoy es 12 feb.? ¿Caducó al principio del día o caduca a las doce de la noche?

Claro, a ese paso te dan las doce y un minuto, y dices:

—No, ahora ya ni de coña.

No lo entiendo: con el yogur dan dos o tres días de margen... y con la leche no. ¡Pero si el yogur es precisamente leche caducada!

La gente se cree que cuando la leche caduca se convierte en veneno. Y aquí viene una de mis más grandes dudas: ¿el veneno tiene fecha de caducidad? ¿Si el veneno caduca, se pone malo? ¿Qué pasa si comes cianuro caducado? ¿Te mata más o te resucita?

Lo estoy investigando. Investigo eso y otra cosa. Porque la fecha de caducidad es un dato importante, sabemos que es cuestión de vida o muerte. Sin embargo, quiero investigar otro dato que debe de ser igual de esencial, porque lo ponen en el mismo sitio y con la misma letra, pero nadie tiene ni idea de lo que es: el «Lote». ¿Qué es eso del lote? A lo mejor es algo trascendental. Tú miras un bote de mayonesa a los ojos y te dice: «Tengo un par de cosas que decirte. Una es que, si quieres seguir vivo, cómete esto antes del 12 feb. y la otra es Lot. 12-59837 JK9. No lo olvides». ¡A lo mejor también depende nuestra vida de ese dato!

No todos los alimentos caducan. La verdad es que los más majos no caducan. Por ejemplo, la sal, que es muy salada, ésa no caduca.

O el agua. ¿El agua caduca? Depende. Si la dejas en la mesilla de noche, sí. Porque al día siguiente está como apolillada y no sabe igual. No lo entiendo, porque el agua con gas tiene la misma pinta y la venden como si fuera buena.

A mí me encanta lo del agua mineral. Parece que nos hemos acostumbrado a pedir agua mineral sin gas, así, todo seguido: «aguamineralsingás». Ahora vas a un restaurante y dices sólo «Agua mineral» y el camarero se pone nervioso: «Pe... pe... pero ¿con gas o sin gas?». Hombre, lo normal es que sea sin gas. Lo del gas es una idea como de Cataluña, que meten aire por ahorrar y así tienen que meter menos agua.

Alegrémonos de que el día de nuestra muerte está por venir. ¡Es sorpresa! Lo triste es lo de los alimentos perecederos, que saben el día de su muerte. Y me pregunto: cuando los alimentos caducan, ¿van al cielo? ¿Una lata caducada de foie-gras La Piara va al cielo? Allí arriba, frente al gran Paté...

—Hola, pequeña lata de foie-gras, ¿has sido buena?

—¿Yo? ¡Más buena que el pan!

Las cosas que van para largo

Cuando el tiempo pasa y pesa

Hay momentos en los que hagas lo que hagas..., la cosa va para largo. Una noche vuelves a casa en coche, te metes por una callejuela estrecha y de repente tienes delante el camión de la basura. Ahí lo mejor es tomárselo con calma y disfrutar de la fragancia, porque no se puede hacer nada. Ves a los basureros y los tíos hacen lo que pueden. Son los tíos más veloces de la ciudad. Viendo a un basurero te das cuenta de que no cobra por horas. Corren delante del camión, se cuelgan de una barra, cantan... No parecen funcionarios. Son como superhéroes. El espectáculo que llevan esos tíos es del nivel del Circo del Sol. Y lo hacen a unas horas en que no luce nada. Si lo hicieran de día, la gente les aplaudiría.

La basura es algo que ralentiza el frenético transcurrir de nuestras vidas. Un día vas a sacar la basura con la bolsa llena, pero llena, llena, de esas veces que mientras la llevas notas que se te va deshaciendo el nudillo. Y dices: «Tengo que llegar al contenedor antes de que...». ¡¡¡Blassf!!! Se suelta el nudito y se desparrama todo por el suelo de moqueta, justo el día que habías comido lentejas... Y te planteas: ¿qué me llevaría menos tiempo, limpiarlo todo o enmoquetar por encima y decir que es un puf?

Otro momento de éstos es cuando estás en la cola de un peaje para pagar y al de delante de ti se le cae la tarjeta de crédito fuera del coche... Ahí tienes que tomártelo con calma. Asimilarlo. Ves que el tío intenta abrir la puerta del coche para salir y no puede, porque la puerta choca con la cabina del peaje. Entonces tiene que dar marcha atrás, pero tampoco puede porque el coche de atrás está muy pegado. Finalmente tienen que dar marcha atrás todos. Ahí dices: «Tenía que haber cogido la Nacional y llegaba antes».

Tómatelo con calma cuando oigas la frase: «Ya los antiguos griegos acostumbraban a...». Estás en la universidad, en clase de Historia del Cine, y el profesor dice: «Ya los antiguos griegos acostumbraban a hacer sombras chinescas con un quinqué y un buril». Y tú, pensando: «Huy... hasta llegar a *Terminator 2* va para rato».

En el cine pasa mucho eso. Vas a ver una peli; por ejemplo, *Munich*, de Steven Spielberg. Trata de un señor que tiene que matar a once personas y de repente te das cuenta de que llevas en el cine hora y media y sólo ha matado a tres. Y tú: «Venga..., venga..., que a este paso al final vas a tener que ir matando varios pájaros de un tiro...».

¿Y cuando alguien sale en una entrega de premios y dice: «Diré sólo unas palabras»? Eso ya se sabe que va para rato. O si suben cuatro a recoger un premio y se ponen a agradecerlo: «Quiero agradecer a Consuelo Sánchez Tapiz, a Josué Liendre Bernal, a Tomás Hierro Zofoño, a Cosme Santiago Espina, a Maribel Cococha Seco, a Felipe Berrinche López...».

En la tele hay muchos momentos de éstos. Por ejemplo, cuando estás viendo un anuncio y te fijas en que en la esquina pone «publirreportaje». Salen unos camiones de leche atravesando un puente y la voz de un señor muy serio: «Ya los primitivos griegos acostumbraban a pasteurizar la leche con su propios pies...».

Va para largo cuando un ordenador te pide el disco de arranque. En ese momento haz lo que quieras: si te apetece, búscalo, pero lo mejor es tirar el ordenador y comprar otro. O cuando un móvil te pide el pin. O cuando un amigo te dice: «Te voy a enseñar las fotos de mi sobri». O cuando te compras unas zapatillas de deporte, abres la caja y ves que hay que ponerles los cordones. O cuando en el *Un, dos, tres...* bajaba el Dúo Sacapuntas. Y también cuando Mayra al final decía: «Podemos quedarnos con el regalo o con el juego. Vamos a preguntarle al público... ¿El regalo o el juego?». Y todos decían: «El juego, el juego, el regalo, el regalo...». Y en ese momento los concursantes pronunciaban la frase mágica: «Aquí hemos venido a jugar». Pero si llevas tres horas jugando, so ludópata. Y lo largo venía después, con la descripción del juego: «Tenemos nueve llaveros y cada llavero tiene nueve llaves. Cada llave abre nueve cerrojos y cada cerrojo tiene nueve regalos. Ya los primitivos griegos acostumbraban a abrir los cerrojos con las llaves...».

Éste es un homenaje a esos pequeños momentos que van para largo. Y si algo he aprendido durante el transcurso y la elaboración de este texto es que lo bueno si breve...

Los momentos idiotas

Pero nos encanta

Hay unos deliciosos momentos en los que nos sentimos tontos del culo. Son esos momentos en los que dices: «Yo es que soy imbécil».

Por ejemplo, cuando te enteras de que la fiesta que se celebra en casa del embajador..., al final no era de disfraces. Y ya es demasiado tarde. Todo el mundo de frac y tú disfrazado de mecánico monstruo.

O cuando compras una cosa y al día siguiente la ves en otra tienda más barata. En ese momento nos sentimos tontos del culo, pero es que lo somos, porque... ¿para qué seguimos mirando? Te has comprado una cámara digital, la has pagado, la has abierto... Pues ya está, se acabó tu relación con el mundo de las tiendas de cámaras digitales. No hurgues.

Lo que me intriga es: ¿qué sentirá Dios al ver que hacemos estas cosas? Cuando ve la obra cumbre de su Creación y es evidente que la ha cagado. Porque no es una vez ni dos...

Ya desde la infancia un día estás de la mano de tu madre, la sueltas para mirar un escaparate y cuando la vuelves a coger... ya no es tu madre. «¿Cómo he podido confundir a mi madre con esta señora tan rara?»

Después te apuntan a un colegio y dices: «¡Qué bien, voy a dejar de ser tonto!». Pues no. Todos hemos vivido ese momento en que el despertador suena una hora antes de lo habitual. Te levantas sin caer en la cuenta del desfase horario. Desayunas normal, te vistes normal, bajas a la calle y todo está un poco raro. Es como más de noche de lo normal y todo está más cerrado. Y dices: «Soy tonto del culo». Esto Dios lo ve, ¿y qué dice? Un ser todopoderoso que nos ha hecho a su imagen y semejanza, y nos hace tontos del culo. Que por cierto, «a imagen y semejanza» nada. O una cosa, o la otra.

Otro momento en que te sientes idiota es cuando te empeñas en ir a un hipermercado de las afueras, por ejemplo, Carrefour, un domingo. Tus padres te dicen: «No, que está cerrado». Y tú dices: «No, que los domingos abren». Y ellos insisten: «No, creo que los domingos no abren». Y tú entonces te inventas: «Está abierto, que lo oí yo en la radio». Y toda tu familia coge el coche, se pone rumbo a Carrefour y está cerrado. Y te sientes idiota. Ves todo el parking vacío y lo único que se te ocurre decir es: «Jo, este sitio está guay para aprender a andar en bici».

Otro momento en el que nos sentimos idiotas es cuando hay que arreglarse mucho para ir a un acto elegante, una boda, una entrega de premios... Y acabas de vestirte antes de lo previsto y tienes que esperar todo peripuesto a que te pasen a buscar. Paseas por la casa porque no te puedes sentar, ya que se te arrugaría el traje. No puedes comer Doritos porque lo llenarías todo de migas, no puedes hacer pis... todo te pica. Acabas viendo la tele de pie, que es muy triste. Imaginaos a Fernando Alonso, admirado por todo el mundo, una hora antes de recibir el Premio Príncipe de Asturias: está en casa paseando sin poder sentarse. Y no sólo Fernando Alonso. El Príncipe también, y todos los que salen en la ceremonia. Todos esos señores tan listos están una hora antes en sus casas dando vueltas como tontos.

Hay un momento que es cumbre a la hora de sentirse idiota. Es el Cadillac de los momentos en los que nos sentimos idiotas: cuando intentas dar de alta una línea ADSL por teléfono. Para empezar, te buscan ellos. Te llaman a casa todos los días: «¿Desea usted dar de alta el ADSL? ¿Desea usted dar de alta el ADSL?». A todas horas: «¿Desea usted poder conectarse a Internet y hablar por teléfono a la vez? ¿Desea usted conectarse y hablar por teléfono?». Eso significa: «Si usted se da de alta, nosotros dejaremos de llamarle y usted podrá volver a usar su propio teléfono». Total, que aceptas y ellos dicen que te van a mandar un router. Que un router yo no sé cómo se hará... Deben de gestarlo en un vientre humano porque tardan exactamente nueve meses en llevártelo a casa.

El mayor problema es que, cuando el router llega, no funciona. Tardan tanto que llegan caducados. Entonces eres tú el que tiene que llamarlos a ellos. Ellos son tan listos que ahora ya no te atienden en persona. Ahora te atiende un robot: «Éste es el servicio de atención al cliente de Guanatel; si desea usted conocer las opciones de hiperconexión del futuro, pulse 1 o diga la palabra "hiperconexión del futuro"; si quiere conocer el estado de sus bonos de ciberconexión, pulse 2 o diga "ciberconexión", y si quiere saber cómo instalar su router, pulse 3».

Vamos a ver, señor robot, ¿usted qué cree que es lo que quiero? ¡Pues lo que quiere todo el mundo! Porque pulsas 3 y sale otro robot que te dice: «En este momento nuestros operadores están todos muy ocupados... Llame usted en otro momento».

Vamos a ver, si en todo momento están todos los operadores ocupados... ¿no les hace pensar que tal vez ese aparato no funciona del todo bien? Sigues llamando y con suerte puedes hablar con una señora humana... La cosa es que, aunque sea humana, lleva tanto tiempo con el robot que habla igual que él: «Buenas tardeees, mi nombre es María Julia Perejunaaa, ¿en qué puedo ayudarleee?». Por tu forma de hablar, María Julia, la que necesita ayuda eres tú.

Lo mejor es dejarlo y, cuando te vuelvan a llamar, descolgar y decir: «Si quiere hablar con Luis, pulse 1. Si quiere dejar un mensaje, pulse 2... y, si quiere usted que dé de alta el ADSL, coja el auricular e hiperconécteselo en el ano».

Sentirse idiota es un rollo. Siempre me he preguntado cómo será ser inteligente. Una vez me encontré a un señor que sabía mucho y me dijo que no era para tanto. Que él se sentía tonto porque era consciente de todas las cosas que se pueden saber y él no sabía. Por eso creo que Dios nos regala esos momentos en los que nos sentimos idiotas, para que las personas normales, al menos una vez en la vida, sintamos lo que siente la gente inteligente.

Cosas de la decoración navideña

El cielo está embombillado, ¿quién lo desembombillará?

¿Por qué cada año ponen antes las bombillas de Navidad en las calles? Dos años ha, ya estaba todo embombillado el uno de diciembre. El año pasado, a mediados de noviembre, ya estaban las calles llenas de luces. No sé en qué fecha del año estarás leyendo esto, pero echa un vistazo a tu alrededor porque es muy posible que haya alguien poniendo bombillas.

La gente ve las bombillas de Navidad, ve todo luminoso, ve las lucecitas con formas de campanitas, bolitas de acebo, coronitas, y piensan: «¡Qué bonito!». ¿Bonito? Para mí una ciudad en Navidad es como estar dentro de una máquina tragaperras. Y mi duda es: «¿Dónde guardarán todo eso el resto del año?». Porque todas esas bombillas ¡ocupan una ciudad entera! ¿Dónde se guarda todo eso cuando no es Navidad? Además, hay que guardarlo con cuidado de que no se enrede. Imaginaos al año siguiente: abrir esa caja de zapatos que será de grande como Andorra y ponerte a desenredar cables. La tienes que abrir con tiempo. O la abres en verano o no llegas a Navidad. Debe de ser que los desenredadores tienen ya mucho callo, cada vez desenredan antes, cada vez tienen antes las bombillas, y por eso en noviembre ya las ponen.

¿Dónde estará esa caja de zapatos gigante? Se tiene que ver desde la Luna. Imaginaos un lugar oscuro, frío, con todas esas bombillas dormidas... ¡Qué miedo! Imaginaos ser el guardián de ese lugar... Se te ha encomendado la misión de velar por el espíritu de la Navidad. Y un día se te funde una bombilla de tu casa. No me creo que ese funcionario vaya a la tienda a comprar otra. Ese tío pilla una del mogollón, seguro. Me lo imagino pensando: «¿Quién lo va a notar?». ¿Quién lo va a notar? Pues tu familia, desgraciado, que vives en una casa que parece Las Vegas.

Ahora lo que me inquieta las axilas y me enmohece las uñas de intriga es: cuando desenredan los adornos luminosos del año anterior, ¿qué hacen? Porque esos adornos a veces los cambian de un año a otro y otras veces no. Si pones los mismos, la gente se da cuenta. Es como volver a ponerte unos calzoncillos del día anterior: si hay que hacerlo, se hace, pero es cutre y la gente lo nota. Imagino que lo que hacen es mandar los adornos de gira. Los de La Coruña al año siguiente están en Huesca, luego en Cartagena, después en Navalcarnero, El Vendrell... Van rulando. Y diez años después, cuando ya han pasado por toda España, vuelven al lugar de origen y la gente dice: «¡Navidades retro! ¡Qué moderno!».

Hemos hablado de los desenredadores de cables, labor harto complicada, pero ¿y los enroscadores de bombillas? Ésa sí que es una profesión dura. Imaginaos la cantidad de bombillas que tienen que enroscar esos héroes sociales anónimos. Imaginaos cómo deben acabar... Son los únicos señores del mundo que todos los años piden a los Reyes una muñeca nueva.

Desenredadores, enroscadores... son personas y todos hemos pensado en ellos alguna vez, pero ¿y las bombillas?

Hay que imaginarlo: eres una bombilla, cuando naces te dan a luz. Y tú, ilusionada, piensas en una larga vida por delante: «Iluminaré a un estudiante en sus tardes de estudio, le calentaré el termómetro cuando él no quiera ir al cole, ¡qué bien!». Y de repente te pintan de azul. En ese momento sabes que vas a durar poco. No sé por qué, pero las bombillas azules se funden antes. Son como los pollitos fosforescentes que vendían a la salida del mercado: duran poco. El pollito azul se miraba:

—Oye, ¿y yo por qué soy azul?

—Mejor que no lo sepa.

O imagina que eres bombilla y te pintan de rojo. En ese momento no sabes si vas a servir para conmemorar la Natividad de Nuestro Señor Jesucristo o para atraer a los hombres a un burdel. Aunque, si el portal de Belén de verdad estaba iluminado como los que se ponen ahora en los nacimientos, casi no hay diferencia. De hecho, para mí que los pastores y los Reyes llegaron allí buscando otra cosa. Si no, ya me dirás para qué llevaban oro, incienso y unos óleos perfumados... «El portal de Belén» es la casa de una tía, te pongas como te pongas.

Ah, las bombillas... Ellas son la Navidad. Y el tungsteno, el espíritu de la Navidad.

Cosas de las cosas

Cosas que se rompen

Siempre hay un roto o un descosido

Hay cosas que parece que tienen un botón de autodestrucción.

Por ejemplo, las cremalleras de los disfraces... Da la impresión de que las hacen ya estropeadas. Cuando era pequeño, tuve un disfraz de Supermán. Y creo que esa cremallera jamás cerró bien. Por delante el disfraz daba el pego, pero por detrás era como los camisones de los hospitales: te dejaba la retaguardia al descubierto.

Me lo grapé... y luego mi madre tuvo que quitármelo con unas tijeras. El mayor problema es que, si al día siguiente me lo quería poner otra vez, lo tenía que volver a grapar. Menos mal que el Carnaval dura tres días. Al final yo iba con aquello ceñido, lleno de grapas doradas, y con la capa en la mano, y parecía un torero.

Otra cosa que se rompe enseguida es la cadenita del tapón de la bañera. Esa cadenita nace rota. Menos mal que hay unas personas anónimas y altruistas que nos mandan a casa cartas para prevenirnos. Todos hemos recibido una carta que dice: «Manda esta carta a mucha gente ¡y no rompas la cadena!, porque te pasarán cosas terribles».

Me da que esas cadenas, aunque no son musicales, las fabrica Sony. Lo de Sony no sé por qué será, pero se estropea con demasiada frecuencia. Hubo una época de mi vida en la que tenía muchas cosas Sony... y nunca funcionaron todas a la vez. Si no estaba estropeado el compact disc, estaba estropeada la cámara o el vídeo... Como si se contagiasen.

Es terrible, porque, si eres un adolescente como otro cualquiera, puedes estar viendo un poquito de pornografía en casa, al llegar del cole, a la hora de la merienda, antes de los Lunnis... y si tienes un Sony te la juegas. ¿Y si se queda la cinta dentro qué haces? ¿Llevar eso al servicio técnico? Pero peor es que lleguen tus padres del trabajo y vean el percal. Piensas: «Son las cinco de la tarde, mis padres llegan a las ocho. Me da tiempo a ir al servicio técnico y que la saquen».

Ya. De eso nada. Los servicios técnicos están en los sitios más lejanos del mundo. Más lejos incluso que donde la grúa se lleva los coches. Una vez que llegas allí es un cuartucho en el que ya no caben más aparatos, hay una pantalla de plasma detrás de la puerta, un compact disc en el paragüero... Y te dice el tío: «Ahora no te lo puedo coger, que no tengo sitio».

Unos tíos que siempre tienen el servicio técnico lleno... ¿Eso no les hace pensar que es posible que sus aparatos no sean de tanta calidad como se creen?

A mí me regalaron un despertador Sony... y no es que no me despertara..., es que no me atreví a dormirme. Te falla el vídeo o el minidisc y no pasa nada, pero te falla el despertador y estás vendido. Menos mal que Sony no fabrica marcapasos. ¿Os imagináis? Un día te da una cosa al corazón, te levantas en un hospital y te dicen:

—Señor, le hemos tenido que poner un marcapasos.

—¿Qué marca?

—Los pasos. La propia palabra lo dice: «marcapasos».

—No, que de qué marca es el marcapasos.

—Es Sony.

—¡Aggh!

Los despertadores los tenían que hacer las fábricas de marcapasos. O lo que es mejor, que hagan marcapasos-despertador. Te lo ponen y te dicen: «Vamos a ver..., usted ¿a qué hora le gustaría despertarse? Piénselo. A qué hora le gustaría despertarse todos los días de su vida».

Si alguna vez vais a una fábrica de gorros, veréis que van haciendo distintos modelos y se oyen cosas como que un gorro dice: «¡Qué bien! ¡Voy a ser gorro de Papá Noel!». «¡Y yo, gorra del Ché Guevara!» Y uno llorando dice: «¡Buaaah, a mí me toca ser gorro de cotillón de Nochevieja...!».

Porque todo aquello que haya sido destinado para el ocio en Nochevieja tiende a romperse. La gomita de los antifaces, de los gorros de cucurucho... y sobre todo los matasuegras. Ésos se estropean según los sacas de la bolsa. Afortunadamente. Porque, si esos instrumentos de Satán duraran todo el año, nos estallaría la cabeza en mil pedacitos.

Cosas que nos fascinan de pequeños

Los niños miramos con los ojos boquiabiertos

Hay cosas que nos fascinan cuando somos pequeños pero que los mayores no nos dejan hacer. Tocar el mercurio de los termómetros, meternos en el agua hasta que se nos arruguen los dedos, mirar fijamente a los mendigos con costras, o a las excavadoras, o a un señor que está soldando un metal.

O morder cosas, como, por ejemplo, las casitas del Monopoly. Es algo que no se puede evitar. Cuando eres niño, no necesitas los sabores, te los imaginas. El hotel, como es rojo, es de fresa; y la casa, que es verde, es de menta.

No sé para qué hacen chicles con sabores habiendo mocos. Ésa es otra cosa que nos encanta de pequeños pero que a nuestros padres no les parece bien: tener mocos. Un amigo mío tenía tantos que sus padres, en lugar de limpiárselos todo el rato, esperaban al final del día y cuando ya estaban secos se los rascaban con un buril.

Otra cosa que nos encanta es tirarnos por el suelo. Vas a los sitios reptando y soltando mucosidad, dejando un hilito, un caminito de baba... Si desarrolláramos caparazones, seríamos caracoles. Aunque, la verdad, ¿para qué queremos llevar una casa a la espalda? ¡Si podemos llevar las del Monopoly en la boca!

El Monopoly tiene otra cosa todavía más fascinante: los billetes. Nos gusta jugar a tocarlos, contarlos, amasarlos... Hay una época en la que te interesa el dinero. De repente, un día, a los 8 años te da por decir: «Un momento, un momento..., si pinto unas piedras y se las vendo a mis padres, puedo labrarme mi independencia económica. Puedo vender a mis padres algunos de mis juguetes y con lo que me saco puedo irme a vivir al descansillo de la escalera».

Y lo haces. Te subes un vaso de agua, un sándwich de jamón y queso y duermes tapado con el felpudo. Logras tu independencia económica durante dos horas.

Luego ves que la cosa es dura y lo de independizarte lo vas dejando hasta pasados los 35 años.

Otra cosa que nos fascina de pequeños, pero que le parece fatal a nuestros padres, es que vayamos a dormir a casa de un amigo. ¡Ya me dirás qué puede tener eso de malo! Pues es uno de los permisos que más te cuesta conseguir. Ni tu padre ni tu madre se quieren mojar. Les dices: «¿Puedo ir a dormir a casa de Edu?». Y tus padres se convierten en Boris Becker y Arantxa Sánchez-Vicario: «No lo sé, pregúntale a tu padre». «Papá, ¿puedo ir a dormir a casa de Edu?» «No lo sé, pregúntale a tu madre.» Allí le preguntan a todo el mundo menos a ti, que es a quien le interesa el tema. Apetece hacer una cosa: «Espera, papá, ¿no te importa preguntarle tú a mamá, que ahora no puedo?». ¿Qué pasaría? Tu padre le diría a tu madre: «¿Puede ir Luisito a dormir a casa de Edu?». Y tu madre respondería: «No lo sé, pregúntale a tu hijo». Y cuando vinieran a preguntarte a ti «Luisito, ¿puedes ir a dormir a casa de Edu?», sería tu ocasión para mostrarte magnánimo y benévolo: «Buenooo, vaaaale, voooy...».

Sólo hay una cosa peor que el partido de tenis. Cuando le dices a tu madre: «¿Puedo ir a dormir a casa de Edu?». Y te dice: «Ya veremos». Ya veremos es que no. Porque «ya veremos» no quiere decir «en el futuro resolveré este brete», como muchos podrían pensar. No. «Ya veremos» quiere decir «no quiero que vayas, pero ahora mismo no tengo argumentos para prohibírtelo. Sin embargo, si me das tiempo, seguro que te puedo castigar por algo malo que hagas en las próximas horas». Ése es el auténtico significado de «ya veremos».

Otra cosa que nos fascina cuando somos pequeños es bañarnos hasta que se nos arruguen los dedos. En la bañera, en la piscina, en la playa... La cosa es arrugarse. Y los mayores, una vez más, no lo entienden. Las madres hacen una cosa muy terrorífica para sacarnos del agua, que es contar hasta tres: «¡Una...! ¡Dos...! ¡Dos y...!», y ahí hacen una pausa tan dramática que dejas de hacer lo que estés haciendo. Lo curioso es que es una amenaza abstracta. No es concreta, ignoramos lo que pasaría si llegasen a tres. La cuenta es tan terrorífica que aún no se ha dado el caso.

Otra cosa que nos gusta son las colecciones. De lo que sea: llaveros, pegatinas, monedas, tuercas, ojos de trucha... Da igual, en realidad es una excusa para meter basura en casa.

—Luisito, tira eso que huele muy mal.

—No, mamá, es de la colección.

Si algo es de la colección, los padres no se pueden negar.

—Luisito, ¿por qué tienes la cabeza de un señor en el congelador?

—Es de la colección.

Llega un día en que todo eso deja de gustarnos. Arrugarnos en la playa, ir por la calle dando patadas a una lata, jugar con el mercurio de los termómetros... El día en que deja de gustarnos es el día en que nos hacemos mayores. Y el día en que se lo prohibimos hacer a un niño es el día en que morimos. Metafóricamente hablando, claro. La muerte de verdad es más tarde y huele peor.

Cosas que a todos nos parecen cotidianas, pero que realmente no ocurren jamás

Un título tan largo que este subtítulo sobra

Éste es un tema que incoa el intelecto, alicata la razón y amilana el sosiego. Un tema indignante, vamos. Es irritante que haya cosas que a todos nos parezcan cotidianas, pero que realmente nunca ocurren.

Por ejemplo, el ser humano cree que si pisa una cáscara de plátano resbala. Y eso no es cierto: la gente resbala en cualquier momento, no necesita la cáscara de plátano.

O lo de los borrachos. ¿Quién se ha inventado que los borrachos tienen hipo y dicen «Hip, hip, hip»? ¿Alguien ha visto alguna vez un borracho con hipo o viendo doble? ¿Quién se ha inventado eso de que se ve doble? Una vez me emborraché y lo único que vi fue una chica muy guapa... que luego por la mañana, cuando me desperté, ya no era... Vamos, que me llevé tal susto que se me quitó el hipo.

Tampoco pasa que cuando alguien disimula se ponga a silbar. Eso es absurdo. ¿A silbar? Si silbas, se te oye, llamas la atención; es como decir: «Eh, fui yo al que se le escapó el pedo».

¿Y quién se ha sacado de la manga que los ladrones llevan antifaz? Los pobres cacos lo ven en la tele, creen que es imprescindible el antifaz, se lo ponen, entran en el banco y dicen:

—¡Arriba las manos! ¡Queremos las bolsas que tienen el símbolo del dólar dibujado!

Y los meten en la cárcel. ¿Y la desilusión que se lleva el pobre ladrón cuando no le dan un traje a rayas blancas y negras? ¿De dónde se han sacado eso de que los presos van disfrazados de paso de cebra?

Otra cosa que no existe, aunque salga en las películas, es el gorro de dormir, ese gorro con pompón. ¿Para qué sirve el pompón? A mí me lo preguntaron una vez y, como no lo sabía, me puse a silbar para disimular.

Jamás veréis una enfermera sexy. A las enfermeras ya las he visto en la Seguridad Social y la frase más sexy que dicen es:

—Oye, que no te encuentro la vena.

Tampoco existen las arenas movedizas, un suelo que se traga a las personas, las cosas, los elefantes... Eso no puede existir, tú te pones a echar, a echar, a echar... y llegará un momento en que no quepa más, ¿no?

Aunque nadie lo haya visto, la gente cree que es muy típico un señor desnudo dentro de un barril porque ha perdido todo jugando al póquer. ¿Vosotros sabéis la pasta que cuesta un barril? El tío no tiene para una camiseta y un pantalón de Zara... pero se puede costear un tonel de roble americano envejecido.

Tampoco son tan frecuentes como nos pensamos la señora subida a una silla porque ha visto un ratón, el loco con un embudo en la cabeza o el señor cazando mariposas con un cazamariposas... Todos sabemos que los cazamariposas son para cazar las hojas de la piscina.

El mundo está lleno de cosas que creemos que existen pero en realidad no. Se llama imaginación.

Objetos destinados a ser vendidos cerca de las cajas de los supermercados

Los últimos en apuntarse al carro

En los supermercados se trata muy mal a ciertos objetos, esos productos que se venden en los expositores que hay junto a la línea de cajas registradoras. Todos sabemos que cada producto debe estar con los de su familia. Los chopeds con los fiambres, las lentejas con el resto de leguminosas... ¡Lo dice la Biblia!

Pero, si miras el expositor de la caja del súper, piensas: «¿Qué tendrán que ver las cintas de vídeo con los chicles y con los condones?». ¡Chicles y condones! ¿Y si te equivocas?

—Oye, estos chicles tienen poco sabor, ¿no?

—Ya, ¡pero mira qué globos!

También hay gominolas, que eso es muy cruel. Me acuerdo de estar esperando con mi mamá en la cola frente a las fresitas de gominola. Las miraba, las fresitas de gominola me miraban a mí... Luego miraba a mi madre... Y ella, antes de que yo dijera nada, ya me decía: «No hay fresitas de gominola». Y me convencía.

Jamás una madre ha comprado fresitas de gominola a un hijo. El dueño del súper las pone para ver si pica alguien pero es imposible. Es más fácil que una madre compre condones a su hijo que fresitas de gominola.

Otras cosas que venden en las cajas de los supermercados son los últimos avances tecnológicos de los años ochenta: carretes de fotos, cintas de VHS, pilas recargables... Van quince años por detrás. Parece que esperan a que salga el CD grabable para ponerse a vender casetes vírgenes.

Pero lo más triste no son las gominolas, ni los cortaúñas, ni las maquinillas de afeitar, porque esos productos se ven todos los días y traban amistad. Lo realmente dramático es cuando te encuentras una cuajada Danone. Allí sola. Abandonada. Y se te encoge el corazón. Esa cuajada es evidente que la han arrancado de sus compañeras cuajadas y de su expositor refrigerado. Que alguien se la iba a llevar a casa... y en el último momento le dice la cajera:

—Son veinte con sesenta.

—Ah, pues sólo tengo veinte... Bueno, dejo esto.

¿Cómo vuelve esa cuajada otra vez con su familia? Esa cuajada se queda cogiendo polvo, mugre y, a no ser que pase Juanma Iturriaga, que se come las cuajadas hasta con tornillos, se queda ahí para siempre.

Otra cosa misteriosa que hay en las cajas de los supermercados es la enigmática barra de «Siguiente cliente». No está claro cómo se usa. ¿Quién la pone? ¿La cajera? La cajera no, porque pasa de todo. ¿La pone el cliente entrante o el cliente saliente? ¿La pone Zapatero o la pone Aznar? Quizá la cajera debería erigirse como cliente en funciones y tomar cartas en el asunto, porque es una anarquía. Creo que el uso de esa barra, a día de hoy, es inconstitucional.

Esto de los productos y de las cajas se cumple en todos los supermercados del mundo con la única excepción de los supermercados Dia. Los Dia tienen sus propias normas, es otro universo moral. Podéis encontrar zapatos en la nevera de las mantequillas, cajas de cartón llenas de pan Bimbo, fruta por el suelo...

Tienen una justificación. Dicen: «Es que así la fruta te sale más barata». Ya. Y si la cojo del árbol, me sale gratis y está más limpia.

Si vas al expositor de la caja, en lugar de vender carretes de fotos o maquinillas de afeitar, venden calcetines, acuarelas para niños o pasteles de chocolate griego. Allí todo es distinto e imprevisible. En lugar de la barra de «Siguiente cliente» viene la cajera y te pone un fuet caducado para separar. Todo es posible en el Dia. Bueno, todo, todo, no. Que las cajeras lleven un uniforme limpio no ha pasado jamás. Te dan ganas de incordiar y preguntarles:

—¿Tienen detergente?

—Sí.

—¿Y por qué no lo usan para limpiar los uniformes? ¿Qué les pasa a las cajeras del Dia? ¿Las obligarán a reptar por el suelo? Es que tienen manchas de todos los productos: mostaza, naranja, mejillones en escabeche... Es como si fueran un muestrario de todo lo que se vende en el supermercado.

Si cogéis el uniforme de una cajera del Dia y lo ponéis a hervir, os sale la sopa más nutritiva de la Historia. Y si volvéis a un supermercado, mirad con buenos ojos a esos productos raros que se venden nada más que en las cajas. Porque ellos verán a Dios.

Cosas contagiosas

Todo lo malo se pega

Los días de frío no deberíamos acercarnos a un autobús sin llevar un palillo o mondadientes en el bolsillo.

No sé si os habéis fijado en que los autobuses, cuando se paran, se quedan mirándonos, y a la mínima hacen «¡chusss!». Es curioso que algo tan grande pueda pillar un catarro. Y el peligro está en que el tamaño del estornudo es proporcional al tamaño del vehículo. Si un autobús te contagia el catarro, olvídate del Frenadol. Eso precisa de mucha cama y anticongelante.

Un ser humano no está preparado para padecer un catarro de autobús. Si estornudas, lo más probable es que se te salgan los ojos y, si los coges al vuelo, bien, pero si se te caen al suelo... Cuando un ojo cae al suelo, es muy difícil de coger porque se escurre como una pepita de uva... Y por eso hace falta ir equipado con el palillo o mondadientes.

Al volver a poneros los ojos, limpiadlos bien y comprobad que no se haya pegado arenilla, que luego raspan y resulta supermolesto. Puede que no toméis nota porque creéis que nunca os va a pasar, pero no estamos a salvo de las cosas que se contagian.

Por ejemplo, se contagia mucho el bostezo. Basta leer la palabra «bostezo», concentrarse un poco, y... ¡ouaaau!

Me acuerdo de que, de pequeño, en misa, jugaba a sabotear el padrenuestro. Había dos zonas de bancos, una enfrente de la otra. Cuando tocaba rezar el padrenuestro y llegaba lo de «hágase tu voluntad», yo bostezaba con regocijo. Los de enfrente me veían bostezar tan feliz y entonces bostezaban ellos. A continuación toda la gente de mi zona (que no me habían visto a mí) veía a los de enfrente bostezando y bostezaban también, incluidos mis padres. Era como cuando pones un espejo enfrente de otro. Y gracias a mí en mi parroquia jamás se rezó un padrenuestro como Dios manda.

¿A que sólo con leer sobre los bostezos ya estáis bostezando? Pues si leéis esto en un lugar público, por favor, pasad a otro capítulo, que os verán bostezando y creerán que el libro es un rollo.

Otra cosa contagiosa es cruzar los semáforos en rojo. Llegas el primero, te quedas esperando y empieza a llegar gente... El semáforo sigue en rojo cuando, de repente, uno se lanza a cruzar. Y los demás se contagian y también cruzan. Pero lanzados, ¿eh? Es como Moisés cruzando las aguas. Si tienes fe, no te pasa nada: «Ya pararán».

También se contagian las bodas. Un día viene tu amigo Julián y te dice: «Oye, que me caso». Y a los dos días viene tu amigo Marcos y te dice: «Oye, que me caso». Lo primero que piensas es que se va a casar con Julián. Pero no, es que el matrimonio es contagioso, igual que tener hijos. Y si tú no te contagias, te indignas: ¡pero qué les pasa a éstos! ¿Casarse, para qué? ¿No les enseñaron nada sus padres?

Se contagia tocar el claxon. Aunque estés vacunado. Están un montón de coches parados y calladitos..., pero como empiece uno... Y se contagia también la caída de los aviones o que choquen los trenes. Siempre que cae un avión a la semana cae otro. Es como lo de la gripe..., se abre la veda y empiezan a caer como moscas.

También es contagiosa, y mucho, la procesionaria del pino. Esto lo escribo por si algún pino me está leyendo, pero a nosotros no nos afecta (a menos que hagamos el pino).

Apuntarse a un gimnasio es muy contagioso, sobre todo entre chicas. Una se apunta para perder cinco kilos y al poco rato se apuntan todas sus amigas, que piensan: «No vaya a ser que los cinco kilos que pierdas tú los encuentre yo».

Pero lo más contagioso entre chicas es lo del menstruo. Se cuenta que cuando varias mujeres están mucho tiempo juntas acaban teniendo la regla a la vez. ¿Os imagináis el harén de un jeque el día D? Por eso se compran aviones privados, para escapar de allí. Para un jeque un jet no es un lujo, es un artículo de primera necesidad.

A ver quién aguanta ese día en la casa de *Mujercitas*. Y no me digáis que tenga compasión, y que pobrecillas, que su padre murió en la guerra... De eso nada, el padre se suicidó porque no aguantaba más.

¿Y por qué se contagiará el bostezo, la risa o cruzar en rojo? ¿Habrá un virus de cruzar en rojo? La respuesta es no. Las cosas se contagian por envidia. Si ves a alguien bostezando todo feliz, dices: «Pues yo también quiero». Y si ves a uno que en lugar de ir a trabajar se queda en casita, dices: «Pues yo también quiero», y pillas la gripe. Científicos, curad la envidia y acabaréis con la gripe (y todos os envidiarán).

Cosas de la ciudad

Casos de cosas y casas

Hay un ser tan grande, tan grande, tan grande que lo tenemos delante y no lo vemos: la ciudad.

El problema de las ciudades es que tardan mucho en hacerse... Madrid, por ejemplo, fue fundada por los árabes en el siglo IX... y todavía sigue en obras. Y, claro, la gente se impacienta.

Como tardan tanto, hay cosas que han hecho los antiguos que hoy ya no se entienden. Por ejemplo, ese cartelito que hay en los portales de algunas casas que pone «Asegurada de incendios». ¿Eso para qué es? A lo mejor es por si hay un incendio, que los bomberos sepan que van a cobrar...

—¡Chicos, esmeraos! Esta casa está asegurada, echad agua mineral.

Y si no está asegurada... ¿qué hacen? ¿Se lo piensan dos veces?

—Señor bombero, el edificio está en llamas y hay un bebé llorando en el último piso.

—¿Está asegurada?

—No.

—Entonces déjelo, ya verá cómo se vuelve a dormir.

Puede ser que la placa de «Asegurada de incendios» sea para que los dueños de la casa se jacten y se hagan los chulitos: «Aquí estamos asegurados, je, je, je». O esa otra placa que hay en los portales que pone «Gas en cada piso». Eso sólo puede ser para presumir: «Tenemos gas en cada piso. Al principio el del tercero no quería porque tenía vitrocerámica, pero lo convencimos».

La placa que más puede llenar de orgullo un edificio es una de esas en las que pone: «Aquí vivió Dámaso Alonso». Eso impresiona: «Aquí vivió Miguel de Cervantes Saavedra». Ves la casa y piensas: «¡Joe, qué injusto es el mundo! Pérez-Reverte vive en un chalé que te cagas y el pobre Cervantes vivía en un piso de estudiantes de Huertas».

¿Os dais cuenta de que en el futuro esas placas no van a estar en la ciudad... sino que van a estar en los chalés de lujo de las afueras? «Aquí vivió y cantó Isabel Pantoja», «Aquí vivió Alejandro Sanz»... Y como ahora los famosos se dejan las casas unos a otros: «Aquí vivieron Ana García-Siñeriz y David Beckham».

¿Quién será el tío que se ha tomado el trabajo de colgar todas esas placas por la ciudad? Ese tipo se merece una placa: «Aquí vivió don Tiburcio Cocodro, colgador oficial de todas las placas de la ciudad, incluida ésta».

Las ciudades de siempre se han hecho despacio, pero últimamente la gente hace las ciudades deprisa y corriendo, y estamos haciendo grandes cagadas. Por ejemplo, las papeleras con agujeros... ¿De quién ha sido la idea de hacer una papelera con agujeros? No tiene sentido. Tiras una Coca-Cola a medias o un helado... y es como echarlo al suelo. La diferencia es que antes de caer a la acera pasa por un filtro de basura, cáscaras de plátano, papeles... Es como si en casa, en lugar de poner una bolsa de basura en el cubo, pusieras una red de naranjas... Bajas la basura y queda reguerito.

Hablando de papeleras, ahora hay un invento nuevo que está en los portales de las casas y se llama «publicesta». Es una papelera para que los carteros dejen la publicidad ahí en lugar de echarla en los buzones.

—Tome, publicidad de Telepizza.

—Sí, échela ahí.

—¡Pero si esto es una papelera...! Mire los agujeros.

—No, no, qué va. Es una publicesta.

Desde el origen de la vida en la Tierra otra cosa que hay en las ciudades son las palomas. Las palomas llevan en la ciudad más tiempo que los humanos, porque no respetan nada, son las dueñas de la urbe. El otro día me voy al Retiro, compro una bolsita de comida para las palomas, la abro, cojo un puñado... y saltan sobre mí seiscientas palomas. La comida no llegó al suelo. Y cuando se fueron me habían robado la cartera y el móvil.

Otra cosa incomprensible de la ciudad son esas pequeñas pegatinillas de «Cerrajero 24h» que te las pegan en la puerta, en el telefonillo, en las rejas de los comercios, en todas partes. «Cerrajero 24h», «Cerrajero 24h», «Cerrajero 24h», pegatinas por doquier... En mi barrio hay más de cien comercios y cada uno tiene setecientas pegatinas... Pero ¿tanto se deja la gente las llaves dentro de casa? ¡Y jamás se ha visto al cerrajero poniendo las pegatinas! ¿Cuándo las ponen? ¡Si son cerrajeros las 24 horas, no tienen tiempo para poner pegatinas!

Alguien debería decir a los cerrajeros que esas pegatinas juegan en contra de su profesión, porque al salir de casa ves la pegatina de «Cerrajero 24h» y no se te olvidan las llaves.

La parte más importante de la ciudad es el Centro Urbano, que viene señalado con unos círculos concéntricos como de epicentro de terremoto. En el Centro Urbano siempre hay unos carteles amarillos luminosos y electrónicos que te indican dónde están los parking y cuántas plazas quedan libres. Si te toca esperar en un semáforo, miras el cartel y dices: «¡Mierda, sólo doce plazas, me las van a quitar...!». Te da la sensación de que toda la gente que está en el semáforo va a ir al mismo parking en plan Mad Max.

También hay otros carteles amarillos, iguales, que te indican dónde están los hoteles. Por lógica, en estos carteles deberían indicar cuántas habitaciones quedan libres: «Hotel Rianxo, quedan dos habitaciones dobles y una simple sin ducha».

Las ciudades se han hecho tan grandes que han tenido que poner mapas dentro. Dicen: «Usted está aquí». Y miras... y estás ahí. Nunca falla. Me pregunto cómo serán esos mapas en el Vaticano. Porque allí está el Papa, el representante de Dios en la Tierra. Allí en los mapas tiene que poner: «Usted está aquí, excepto si es usted el Papa, que entonces está usted en todas partes».

Cosas de las carreteras

Los países tienen varices de asfalto

Las carreteras son de los sitios más misterios del mundo. En las carreteras hay señales que no tienen sentido ninguno. Tú vas en coche y de repente ves un cartel en el que pone: «Línea de ferrocarril Madrid-Valencia». ¿Para qué sirve ese dato? ¿Es por si me apetece dejar el coche y seguir en tren?

Luego hay señales decepcionantes; por ejemplo, la de «¡Cuidado! ¡Ciervos que saltan!». Ojalá. Un ciervo saltando rampante, en escorzo, sacando pecho... Eso no ha pasado jamás. Además, el cartel tendría que ser más bien para ellos: «¡Cuidado! ¡Coches!».

Es como cuando a nosotros nos ponen la señal de «¡Cuidado! ¡Aviones!». ¿La habéis visto, verdad? Un triángulo como de «Ceda el paso» con un avión dentro. Vas en el coche, ves esa señal y piensas: «Vale, muy bien, un avión... ¿qué queréis que haga? ¿Me agacho dentro del coche? ¿Le cedo el paso?». Y la gran duda es... Si un día se encuentran el avión y el ciervo, ¿quién tiene que ceder el paso a quién?

Las peores señales son las de «gasolinera». Deberían poner a qué distancia de la carretera está la gasolinera, porque hay algunas que son trampa. Una noche vas con la gasolina justita, justita, ves una señal de «gasolinera», te metes y te lleva a una rotonda con unas señales de «Calvarrasa», «Viana de Tajuña», y luego un cartel escrito a mano que pone «gasolina», con la *a* pequeñita porque no cabía en el cartel.

Siguiendo la indicación te meten a conocer pueblos por un camino de tierra. Allí ves la señal de «¡Cuidado! ¡Ciervos!» y hasta la de unicornios. Y tú con el marcador de la gasolina al rojo vivo. Cuando llegas, ves una gasolinera de Petroliber con un solo surtidor de los que tenían la pelotita de ping-pong... y está cerrada. Te encuentras en un pueblo perdido y sin gasolina. ¿Qué haces? Creo que esos pueblos están formados por gentes a las que se les acabó la gasolina y se tuvieron que quedar a vivir allí.

Para mí la duda más grande de las carreteras surge cuando llegas al «peaje-toll» de la autopista y ves unas cabinas rodeadas de la nada con un señor dentro. ¿Cómo ha llegado ese señor hasta allí? ¿Le cobran el peaje? Como se lo tengan que pagar ellos, en Cataluña no les llega un mes de sueldo para pagar treinta peajes de ida y treinta de vuelta.

Creo que viven en las cabinitas. Tienen su estufita, su ventilador, un calendario en la pared, una percha y una pequeña tele de los años ochenta, de cuando valía la pena ir a Andorra a comprarlas. ¡Normal! ¡Esos tíos no han vuelto a la civilización desde entonces!

Los del peaje están allí siempre. Primavera, verano... De hecho, en Navidad les dejan los regalos en esta especie de calcetines de Papá Noel que hay por las carreteras y que sirven para ver de dónde sopla el viento. Y sople de donde sople, da igual: las señales necesitan ser revisadas.

libros
ACUÁTICOS
punto de lectura

libros
ACUÁTICOS
punto de lectura

libros
ACUÁTICOS
punto de lectura